Drws Dychymyg

DRWS DYCHYMYG

Golygydd: Elinor Davies
Darluniwyd gan John Walters

Gwasg Gomer 1980

Argraffiad Cyntaf — Tachwedd 1980

ISBN 0 85088 803 4

© 1980 lluniau John Walters

Cyhoeddwyd y gyfrol hon gyda chymorth
Cyngor Celfyddydau Cymru.

Argraffwyd gan
J. D. Lewis a'i Feibion Cyf.,
Gwasg Gomer, Llandysul, Dyfed

Rhagymadrodd

Pan o'wn i'n naw oed fe ddaeth ysgolfeistr newydd i'n hysgol ni yn
Llangrannog, ac am y ddwy flynedd nesaf chwaraeodd barddoniaeth
ran bwysig iawn yn ein haddysg. Nid gwersi sych a diflas, gyda
siantio llinellau'n beiriannol ac yn groes i'r graen oedden nhw. Yn
hollol i'r gwrthwyneb, rhywbeth i gael hwyl gydag e ac i'w fwynhau
oedd barddoniaeth. Roedden ni'n cael blasu geiriau a llinellau rif y
gwlith ac yn mwynhau eu dweud a'u canu nhw. Mwynhau llinellau
fel

> "Mae dail y coed yn Ystrad Fflur
>   Yn murmur yn yr awel,"

a'r gerdd nid yn unig yn rhoi boddhad i ni, ond ar yr un pryd yn
dweud wrthym beth o hanes ein sir ein hunain. Dysgu wedyn
englynion coffa R. Williams Parry i Hedd Wyn, a'r sôn am

> "Tyner yw'r lleuad heno—tros fawnog
>   Trawsfynydd yn dringo;"

a dyna glec y gynghanedd yn disgyn ar ein clyw ac yn aros yn ein cof
am y tro cynta. Rwy'n cofio'n arbennig am y pleser a gawn o flasu'r
sain a'r sŵn yn 'Cywydd y Gof':

> "Chwythu'i dân dan chwibanu
>   Ei fyw dôn a wna'r gof du."

Ac mae'r geiriau wedi aros hyd heddiw ar y cof, pan yw llawer peth
arall a ddysgais wedi mynd i ebargofiant. Pam? Onid oherwydd i ni
gael profiad o'r "melyster i'r glust ac o'r glust i'r galon"? Ac yn y
profiad hwnnw roedd ein dychymyg yn cael ei borthi a'i gyffroi, a
bydoedd dieithr yn agor o'n blaen.
  Mae'n bosib bod rhai'n credu fod cerddi cynganeddol yn rhy
anodd i blant. Nac ydyn wir. Mae swyn a chlec y gynghanedd yn
rhoi boddhad i'r plentyn bob amser, ond i'r gerdd gael ei chyflwyno'n
synhwyrus a heb ymboeni gormod am yr ystyr. Gallaf dystio o'm
profiad fel athrawes fod plant yn mwynhau llinellau fel

> "Adeg y machlud ydyw,
>   Gwrida'r môr yn borffor byw;"

O ran hynny, ni wrthodwyd unrhyw gerdd yn y casgliad hwn rhag
ofn ei bod yn rhy anodd. Mae'n siŵr fod yma amryw sydd, o

safbwynt deall neu werthfawrogi eu hystyr, yn anodd; ond fe hoffwn i feddwl fod y rhain hefyd, oherwydd y rhin sydd ynddynt, yn rhoi boddhad. Ar wahân i hynny, fe all yr hyn sy'n anodd heddiw fod yn dderbyniol yfory. Nid rhywbeth i'w fesur yn ôl graddau anhawster yw treftadaeth unrhyw genedl.

Mae yma hefyd gerddi syml byd yr hwiangerddi a'r penillion telyn. Y rhain, gobeithio, sy'n magu yn y plentyn hoffter o rythm sicr melodaidd, a llawenydd afieithus. Mae plant hefyd bob amser yn mwynhau cerddi dwli, yn llawn ffantasi a rhyfeddodau. Mae cyfle i'r dychymyg pan fo cerdd fel 'Yr Hwyl-long Fawr' yn cael criw o bry copyn ac iâr-fach-yr-haf, lindys a malwen.

Yr un modd gyda cherddi yn cynnwys elfen storïol. Mae 'Barti Ddu' ac 'Y Lleidr Pen-ffordd' yn sicr o ennill clust y plentyn. Fel bonws ychwanegol, fe all cerddi o bob math arwain i weithgarwch arall, a'r plentyn yn trosglwyddo i ryw gyfrwng neu'i gilydd hud ac apêl y gwreiddiol. O'm blaen y foment hon, ar wal y gegin, mae poster lliwgar Cyngor y Celfyddydau, gwaith plant Ysgol Gymraeg Cwm Nedd, a'u *collage* wedi'i sylfaenu ar gerdd I. D. Hooson, 'Y Fantell Fraith'. Trwy gyfrwng brethyn a phapur a phaent maent wedi rhoi bywyd i'r llygod dirifedi a'r gŵr â'i fantell amryliw. Ond peidiwch â'm camddeall; nid oherwydd ei defnyddioldeb yr wyf wedi cynnwys unrhyw gerdd, ond am yr apêl *uniongyrchol i'r dychymyg*. Carwn feddwl fod y detholiad hwn o gerddi yn mynd i danio'r dychymyg fel mantell liwgar y pibydd hud.

Yn ei gerdd 'Gofuned', mae R. Williams Parry yn nodi dwy dalent sy'n werth eu meddu, sef y *gallu i weld a chlywed gyda threiddgarwch mwy na'r cyffredin, gweld fel mae'r byddar yn gweld, clywed fel y clyw'r dall*. Mewn cerddi eraill, mae'r un bardd yn dweud mai cynneddf sy'n perthyn yn arbennig i gyfnod "plentyndod" yw hon. Bryd hynny y mae'r synhwyrau fwyaf byw ac effro; bryd hynny mae'r dychymyg finiocaf. Bardd arall sydd wedi tystiolaethu i'r un gwirionedd, mewn cwpled sydd wedi dod yn ddiarhebol, yw Gerallt Lloyd Owen, wrth sôn am y cyfnod,

> ''Pan feddwn dalent plentyn
> I weld llais a chlywed llun.''

Yn y gobaith iddi wasanaethu'r dalent honno y lluniwyd y gyfrol hon.

Diolchiadau

Lluniwyd y casgliad gwreiddiol ar gyfer cystadleuaeth yn
Eisteddfod Genedlaethol Bangor, 1971, sef casgliad o farddoniaeth
ar batrwm *The Oxford Book of Poetry for Children*. Hoffwn ddiolch i'r
beirniad, Dr. D. Gareth Edwards, am ei eiriau calonogol bryd
hynny, ac i Lys yr Eisteddfod am ryddhau'r gwaith.

   Oddi wrth Bwyllgor Llenyddiaeth Cyngor y Celfyddydau, o
dan gadeiryddiaeth Mrs. Mairwen Gwynn Jones, y daeth yr hwb
i gyhoeddi, a chefais lawer o gefnogaeth bellach gan Mr. Roger
Jones Williams, swyddog Llenyddiaeth y Cyngor ar y pryd.

   Hyfrydwch fu cydweithio â Mr. John Walters, ac y mae ar y
ddau ohonom ddyled i Wasg Gomer am eu gwaith manwl hwy ar
y gyfrol. Ac i'r gweisg i gyd, a'r awduron unigol y cysylltwyd â
hwy, mae fy niolch yn fawr am eu parodrwydd i ganiatáu imi
gynnwys y cerddi.

Elinor Davies

Cynnwys

		tud.
Rhagymadrodd		v
Diolchiadau		vii

Yn Nheyrnas Diniweidrwydd

Y Saith Rhyfeddod	Traddodiadol	2
Mi Welais Ddwy Lygoden	Traddodiadol	3
Hwiangerdd Dinogad	Anhysbys (addasiad gan Owain Owain)	4
Be Gefaist ti'n Fwyd?	J. Glyn Davies	5
''Awn i'r Mynydd i Hela''	Traddodiadol	6
Ar y Bryn roedd Pren	Traddodiadol	7
Yr Hwyl-long Fawr	Owain Owain	8
Enwau	Waldo Williams	11
Glywsoch chi?	Aneurin Jenkins-Jones	12
Gwyn ap Nudd (Detholiad)	Elfed	14
Yr Enfys	Eifion Wyn	15
Yn Nheyrnas Diniweidrwydd	Rhydwen Williams	16
Lle Bach Tlws	T. Gwynn Jones	18

Pedwar Chwarter yn y Flwyddyn, Haf, Cynhaeaf, Gaeaf, Gwanwyn

Prognosticasiwn Dr. Powel (Detholiad)	Sion Tudur	20
Calennig i mi, Calennig i'r ffon	Traddodiadol	21
Mab y Bwthyn (Detholiad)	Cynan	22
Yma mae 'Nghalon, Yma mae 'Nghân	Dafydd Iwan	23
Y Briallu	Eifion Wyn	24
Tomi	Nantlais	25
Haf Cynnar	Gwyn Thomas	26
Blodau'r Grug	Eifion Wyn	26
Y Grug Gwyn	T. E. Rowlands	27
Rhyfeddodau	W. Rhys Nicholas	28
Ha' Bach Mihangel	Alun Jones	29
Machlud (Detholiad o 'Y Lloer')	J. J. Williams	30
Tachwedd	Eifion Wyn	30

Yn Llawn Anifeiliaid Pob Lliw a Phob Llef

Hwiangerdd Ham, Shem a Japheth	Owain Owain	34
Welwch chi fi?	Traddodiadol	35
Yn Mynd i'r Siew	Nantlais	36
Mae Nadolig yn Nesáu	Idwal Jones	38
Llygoden Fach yr Ŷd	Gwynne Williams	40
Llygod (Detholiad o 'Y Fantell Fraith')	I. D. Hooson	41
Byd yr Aderyn Bach	Waldo Williams	42

Y Drudwy	Dafydd Rowlands	43
Ceiliog Ffesant	J. M. Edwards	44
Hebog	Gwilym Rees Hughes	45
Ceiliog	Gwyn Thomas	46
Y Gylfinir	R. Williams Parry	47
Octopws	Gwyn Thomas	48

Chwythu'i Dân dan Chwibanu

Y Gof (*Detholiad o* 'Heddwch')	Gwilym Hiraethog	50
Bachgen Bach o Dincer	Thomas Parry	51
Ffwdan Gwen	Traddodiadol	52
Bachgen Bach o Ddowlais	Traddodiadol	54
Rhifyddeg	Gwynne Williams	55
Cân Brychan	Dic Jones	56
Y Lein Ddillad	Anhysbys	56
Caledfwlch (*Detholiad o* 'Ymadawiad Arthur')	T. Gwynn Jones	58
Y Llun (*Detholiad o* 'Porth yr Aber')	Dic Jones	58
Menywod	Waldo Williams	60
Y Gegin gynt yn yr Amgueddfa Genedlaethol	Iorwerth C. Peate	61
Carol y Crefftwr	Iorwerth C. Peate	62

Ddoi di gen i

Traeth y Pigyn	T. Llew Jones	64
Pwllderi (*Detholiad*)	Dewi Emrys	66
Cwm Berllan	Waldo Williams	67
Ystrad Fflur	T. Gwynn Jones	68
Y Bachgen	T. Gwynn Jones	69
Heibio Ynys Sgogwm	J. Glyn Davies	69
Cân Huw Puw (*Detholiad*)	J. Glyn Davies	70
Dydd Iau Mawr (*Detholiad o* 'Porth yr Aber')	Dic Jones	71
Ynys yr Hud (*Detholiad*)	W. J. Gruffydd	72
Santa Fe	T. H. Parry-Williams	74

Mae'r Esgid Fach yn Gwasgu

Mae 'Nghalon i cyn Drymed	Traddodiadol	76
Hiraeth	Traddodiadol	77
Y Band Un Dyn	R. Williams Parry	77
Caeau Pen-y-Bryn	Charles Jones	80
Yn Harbwr San Francisco	J. Glyn Davies	80
Y Deryn Du a'i Blyfyn Shitan	Traddodiadol	82
Y Ferch o Dy'n y Coed	Cynan	83
Y Llanc Ifanc o Lŷn	William Jones	84

Tut-Ankh-Amen	Crwys	85
Cofio	Waldo Williams	86
Ronsyfál	Iorwerth C. Peate	87

Gwyn eu Byd yr Adar Gwylltion

Gwyn eu Byd	Traddodiadol	90
Y Ci Strae	T. Llew Jones	91
Diofal yw'r Aderyn	Traddodiadol	92
Y Sipsiwn	Eifion Wyn	92
Y Cŵn Hela	W. Rhys Nicholas	94
Caethglud yr Ebol	Crwys	96
Hen Ŵr o'r Coed	Wil Ifan	97

Dim ond Lleuad Borffor

Sŵn	T. Llew Jones	102
Atgo	Hedd Wyn	103
Dawns y Dail	T. Llew Jones	104
Pe bawn i . . .	T. Rowland Hughes	105
Marchnad y Corachod (*Detholiad*)	Christina Rossetti (cyf. Aneirin Talfan Davies)	106
Pitran-Patran	Waldo Williams	108

I Wylio'r Drin pan Alwo'r Drwm

Tachwedd	Isfoel	112
Marwnad yr Ehedydd	Cynan	113
Barti Ddu	I. D. Hooson	114
Rownd yr Horn (*Detholiad*)	Simon B. Jones	119
Y Lleidr Pen-ffordd	T. Llew Jones	120
Ras	T. Rowland Hughes	122
Brenin y Canibalyddion	Talhaiarn	124
Un Noswaith Ddrycinog	Traddodiadol	127

Tua Bethlem Dref

Awn i Fethlem	Y Ficer Prichard	130
Tua Bethlem Dref	Wil Ifan	131
Baled y Pedwar Brenin	Cynan	132
Wrth Dorri Gair	Arwel John	135
Seimon Mab Jona (*Detholiad*)	I. D. Hooson	136
Salaam	Cynan	138
Ora Pro Nobis	Eifion Wyn	140
Dod ar fy Mhen	Eifion Wyn	141
Diolch	W. D. Williams	142
Ffynonellau		144
Mynegai i linellau cyntaf pob cerdd		146
Mynegai i awduron		148

Yn Nheyrnas Diniweidrwydd

Y Saith Rhyfeddod

Mae gennyf saith o bethau,
   Rhai rhyfedd iawn i chi:
Y cyntaf yw cwningen
   Yn rhedeg ar ôl y ci.

Yr eilfed yw y mochyn
   Yn torri hanc o wair,
I besgi set o gywion ieir
   I'w gwerthu yn y ffair.

Y llyffant yw y trydydd,
   Yn gyrru yn bur hy,
I nôl y doctor at ei wraig
   Ar gefn y falwen ddu.

A dyma yw'r pedwerydd,
   Sef mul mewn gwasgod wen,
Ar frigyn ucha'r goeden
   Yn sefyll ar ei ben.

A dyma yw y pumed,
   Hen gaseg Twm Pengrin
Yn dawnsio step y glocsen
   Mewn pais a chlos penglin.

A dyma yw y chweched,
   Chwi chwarddwch am ben hwn,
Sef cloben o neidr felen fawr
   Yn trio handlo gwn.

A dyma yw y seithfed,
   Yr olaf un o'r gân,
Sef iâr fy nain yn blingo'r gath
   A'i rhostio o flaen y tân.

Traddodiadol

2

Mi Welais Ddwy Lygoden

Mi welais ddwy lygoden
Yn llusgo pont Llangollen,
Rowndabowt o gylch y ddôl,
Ac yn ei hôl drachefen.

Traddodiadol

Mi welais ddwy lygoden
Yn mynd i mofyn halen,
  Yn mynd ar drot
  Heibio tŷ Dot
Ar gefen bobo daten.

Traddodiadol

Hwiangerdd Dinogad

Pais Dinogad, pais fraith,
Yn esmwyth, gynnes, glyd:
Daw dy dad yn ôl cyn nos —
Cysga di'n dy grud.

Tad Dinogad yn ei gwch
Yn dala pysg Derwennydd;
Tad Dinogad, Giff a Gaff,
Yn hela gwyllt y glennydd.

"Dal nhw, Giff!" a "Dal nhw, Gaff!"
A'u dala nhw i 'nghariad;
"Dwg nhw, Giff!" a "Dwg nhw, Gaff!"
Ac adref i Ddinogad.

Tad Dinogad, Giff a Gaff,
Sy'n dod o'r hela'n ôl —
Adar, pysgod, carw coch:
Cwsg, fy maban ffôl!

Addasiad gan Owain Owain
o hwiangerdd anhysbys o'r seithfed ganrif

Be Gefaist ti'n Fwyd?

Hoi ho! Be gefaist ti'n fwyd,
Hen Grëyr Glas a'i heglau hir?
   Wel, llyffant a slywen
   A chwilen a malwen,
A brithyll go fawr, do wir!

Hoi ho! Be gefaist ti'n fwyd,
Jac y Nico bychan bach?
   Ond hadau o'r meysydd
   A'r cloddiau a'r ffosydd,
A'u bwyta nhw i gyd, lond sach.

Hoi ho! Be gefaist ti'n fwyd,
Robin goch, be gefaist ti?
   Wel, brechdan a phwdin
   A briwsion o'r gegin,
A hynny am ganu i chwi.

J. Glyn Davies

"Awn i'r Mynydd i Hela"

"Awn i'r mynydd i hela," meddai Dibyn wrth Dobyn,
"Awn i'r mynydd i hela," meddai Rhisiart wrth Robin,
"Awn i'r mynydd i hela," meddai Sionyn Pen Stryd,
"Awn i'r mynydd i hela," meddai'r cwbwl i gyd.

"I hela beth?" meddai Dibyn wrth Dobyn,
"I hela beth?" meddai Rhisiart wrth Robin,
"I hela beth?" meddai Sionyn Pen Stryd,
"I hela beth?" meddai'r cwbwl i gyd.

"I hela'r dryw bach," meddai Dibyn wrth Dobyn,
"I hela'r dryw bach," meddai Rhisiart wrth Robin,
"I hela'r dryw bach," meddai Sionyn Pen Stryd,
"I hela'r dryw bach," meddai'r cwbwl i gyd.

"Beth pe bai rhywun yn ein gweld ni?" meddai Dibyn wrth
                                    Dobyn,
"Beth pe bai rhywun yn ein gweld ni?" meddai Rhisiart wrth
                                    Robin,
"Beth pe bai rhywun yn ein gweld ni?" meddai Sionyn Pen
                                    Stryd,
"Beth pe bai rhywun yn ein gweld ni?" meddai'r cwbwl i
                                    gyd.

"Rhedwn i gwato," meddai Dibyn wrth Dobyn,
"Rhedwn i gwato," meddai Rhisiart wrth Robin,
"Rhedwn i gwato," meddai Sionyn Pen Stryd,
  A rhedeg i gwato wnaeth y cwbwl i gyd.

Traddodiadol

Ar y Bryn roedd Pren

Ar y bryn roedd pren,
O bren da.
Ar y pren daeth cainc,
Ar y gainc daeth nyth,
I'r nyth daeth ŵy,
O'r ŵy daeth cyw,
Ar y cyw daeth plu,
O'r plu daeth gwely;
Y gwely o'r plu,
Y plu o'r cyw,
Y cyw o'r nyth,
Y nyth ar y gainc,
Y gainc ar y pren,
Y pren ar y bryn,
Y bryn ar y ddaear,
A'r ddaear ar ddim.
Ffeind a braf oedd y bryn
Lle tyfodd y pren.

Traddodiadol

Yr Hwyl-long Fawr

Fe welais long un dydd o haf,
Ar las y don yn hwylio'n braf;
Ei hwyliau llawn oedd o bob lliw,
Ac ar y bwrdd fe safai'r criw.

Wel dyna griw!

Pry-copyn du, yn gapten del,
A 'smygai siag tan ambarél;
Ac wrth y llyw fe chwyrnai'r mêt—
Hen chwilen werdd ynghwsg ar sêt.
Ar ben y mast, iâr-fach-yr-haf —
Yn gweiddi'n groch ei bod yn glaf.
Yn tynnu rhaff roedd malwen goch,
A lindys main yn canu cloch.
A chan pob un roedd cot laes wen,
A chap a phig, a chlocsiau pren.

Fe ddaeth y llong o'r Felinheli,
Â llwyth o goed i dre' Pwllheli;
Ac o'r fan hon, fe glywais sôn,
Â llwyth o faip i Bentraeth, Môn.

Ble mae hi'n awr,
Yr hwyl-long fawr,
A'i chriw mor od?
Nid ar y dŵr —
Mae hynny'n siŵr—
Nac ar y lan.

Ond pan fo'r lloer
A'i olau oer
Yn lliwio'r nen,
Fe'i gwelwch hi
Yn hwylio'r lli

Sydd uwch ein pen —
Ar gwmwl du
A'r gwyntoedd cry'
Yn llenwi'r hwyl.

Os gwelwch hi —
A gwrando'n graff —
Efallai y clywch chi
Wichian rhaff —
A sŵn y gloch
A gweiddi croch
Iâr-fach-yr-haf.

Owain Owain

Enwau

Pryd mae'r gwcw'n gwisgo'i sgidie-a-sane?
Pryd mae'r brain yn gwisgo'u bacse glas?
A sut mae'r blodyn neidir
Fyny fry ar glawdd y feidir
Yn perthyn i sut hen greadur cas?

Sut mae Mair â chymaint o friallu?
Ydy'r cŵn yn clatsho'u bysedd i wneud stŵr?
Ydy'r moch yn bwyta'u crafol?
A oes rhywun â'r dail tafol
Yn pwyso pethau weithiau i'r hen ŵr?

Dywedwch ydy'r nyddwr weithiau'n nyddu?
Ac wedi iddo nyddu, pwy sy'n gweu?
'Welais i mo teiliwr Llunden
Yn gwneud siwt erioed i undyn,
Ond cofiwch, falle'i fod e' ar y slei.

Pam na fentra'r gwyddau bach i'r afon?
Rhag ofn hen was y neidir, falle'n wir.
Fe ddylai'r brenin brale
Dalu milwyr am ei ddal e'—
Mae digon o ddail ceiniog yn ei dir.

Pryd mae Jac y rhaca'n cael ei wair mewn?
'Thâl hi ddim i'w adael nes bo'n llwyd.
Anodd lladd â'r ddalen gryman
Ond bydd gwas y gwcw yma'n
Helpu cywain, a daw'r llyffant mâs â'r bwyd.

Waldo Williams

Glywsoch chi?

Glywsoch chi stori'r Robin Goch
Yn mentro i'r eglwys i ganu'r gloch?
'Ding-dong!' mynte'r gloch. 'Be sy'n bod, be sy'n bod?'
'Twit-twit,' ebe'r Frongoch, 'mae'r Gwanwyn yn dod!'

Glywsoch chi'r stori am y wennol un ha'
Pan brofodd hi damaid o hufen-iâ?
'Mae'n oer'; ebe hi, 'daeth y gaeaf cyn pryd,'
Ac ehedodd i bant i ben arall y byd.

Glywsoch chi stori'r ehedydd un gwawr
Yn codi o'r eithin i'r ffurfafen fawr?
Daeth roced o rywle a'i gipio, smic,
A'i roi ar y lleuad. Dyna i chi dric!

Glywsoch chi stori y titw bach glas
Yn mynd i bysgota'n y pyllau bas? —
Genwair a llinyn ac abwyd ar fach
'Ddaliodd e' ddim, y creadur bach.

Glywsoch chi'r stori am Jac-llwyd-y-baw
Yn cyfarch y Gwcw, 'Sut wyt ti'r hen law?'
'Go dda,' mynte'r Gwcw; 'sut wyt ti'r hen rôg?'
Mae Jac erbyn hyn yn 'was-bach-y-gog'.

Glywsoch chi stori'r Ji-binc un tro
Yn taro yn sydyn ar falwen ar ffo?
Fe'i daliodd a'i rhwymo, a'i dwyn hi wrth raff
A'i rhoi hi yng ngharchar yn sownd ac yn saff.

Glywsoch chi'r stori am y sigl-i-gwt
Yn plagio'r dryw bach am ei gynffon dwt?
''Fedri di ddim swagro dy gynffon fel fi,'
'Gwell pen na chynffon,' mynte'r dryw, 'Twi Twi!'

Glywsoch chi'r stori am regen yr ŷd
Yn cystadlu yn Steddfod Fawreddog y Byd?
'Wel, wir,' mynte'r Beirniad,—y Crëyr mawr glas—
''Chlywais i rioed y fath ganu aflafar cras.'

Glywsoch chi'r stori am gnocell y coed
Yn colli ei sbectol a phigo'i droed?
'Wel, pwy fase'n meddwl,' ebe'r cnocell yn syn,
'Fod fy nhroed i mor felys a blasus â hyn!'

Fe glywsoch chi'r stori am yr alarch, rwy'n siwr,
Yr eos a'r llinos a hithau'r iâr-ddŵr,
Y boda a'r barcut a'r hen gwdihw.
Mae 'na straeon ofnadwy amdanyn nhw!

Aneurin Jenkins-Jones

Gwyn ap Nudd

(Detholiad)

Gwyn ap Nudd, Gwyn ap Nudd,
Lliw y lloer sydd ar dy rudd;
Cerddi'n ddistaw fel y nos
Drwy y pant, a thros y rhos;
Heibio i'r grug a'r blodau brith,
Ei, heb siglo'r dafnau gwlith.
Gwyddost lle mae'r llyffant melyn
Yn lletya rhwng y rhedyn;
Gwyddost lle daw'r gwenyn dawnus
I grynhoi eu golud melys:
Gweli'r 'hedydd ar ei nyth,
Ond ni sethri'r bargod byth —
Gwyn ap Nudd, Gwyn ap Nudd,
A lliw y lleuad ar dy rudd.

Elfed

14

Yr Enfys

Mae'n awyr las ers meitin,
   A dacw Bont y Glaw;
Wel, brysiwn dros y caeau,
   A thani law yn llaw.

Cawn eistedd yn ei chysgod,
   A holi pwy a'i gwnaeth,
Un pen ar grib y mynydd,
   A'r llall ar fin y traeth.

Mae saith o liwiau arni,
   A'r rheini'n dlws i gyd;
A gwnaed ei bwa meddir,
   O flodau gwyw y byd.

Ond dacw'r Bont yn symud,—
   Pwy ŵyr i ble yr aeth?
Nid yw ar grib y mynydd,
   Na chwaith ar fin y traeth.

Eifion Wyn

15

Yn Nheyrnas Diniweidrwydd

Yn nheyrnas diniweidrwydd
  Mae'r sêr yn fythol syn;
Mae miwsig yn yr awel,
  A bro tu hwnt i'r bryn.
Yn nheyrnas diniweidrwydd,
  Mae'r nef yn un â'r rhos;
Mawreddog ydyw'r mynydd,
  A santaidd ydyw'r nos.

Yn nheyrnas diniweidrwydd,
  Mae rhywbeth gwych ar droed;
Bugeiliaid ac angylion
  A ddaw i gadw oed.
Mae dyn o hyd yn Eden,
  A'i fyd, di-ofid yw;
Mae'r preseb yno'n allor,
  A'r Baban yno'n dduw.

Yn nheyrnas diniweidrwydd,
  Mae pawb o'r un un ach;
Pob bychan fel pe'n frenin,
  Pob brenin fel un bach.
Mae'r ych a'r ebol-asyn,
  Y syml a'r doeth yn un;
A'r thus a'r myrr a'r hatling
  Heb arwydd p'un yw p'un.

Yn nheyrnas diniweidrwydd,
  Mae pibydd i bob perth;
Ac nid oes eisiau yno,
  Am nad oes dim ar werth.
Mae'r drysau i gyd ar agor,
  A'r aur i gyd yn rhydd;
Mae perlau ym mhob cragen,
  A gwyrthiau ym mhob gwŷdd.

Yn nheyrnas diniweidrwydd,
   Mae'r llew yn llyfu'r oen;
Ni pherchir neb am linach,
   Na'i grogi am liw ei groen.
Mae popeth gwir yn glodwiw,
   A popeth gwiw yn wir;
Gogoniant Duw yw'r awyr,
   Tangnefedd dyn yw'r tir.

Yn nheyrnas diniweidrwydd —
   Gwyn fyd pob plentyn bach
Sy'n berchen llygaid llawen
   A phâr o fochau iach!
Yn nheyrnas diniweidrwydd —
   Gwae hwnnw, wrth y pyrth;
Rhy hen i brofi'r syndod,
   Rhy gall i weld y wyrth!

Rhydwen Williams

17

Lle Bach Tlws

Y mae yno goed yn tyfu
  O gwmpas y lle bach tlws,
A dim ond un bwlch i fynd drwodd,
  Yn union 'run fath â drws.

Mae gwenyn o aur ar y brigau,
  A mwclis bach coch ar y coed,
A merched bach glân yno'n dawnsio
  Na welsoch eu tebyg erioed.

Dywedais wrth Idris amdano—
  Mae Idris yn ddeuddeg oed—
Ond erbyn mynd yno, 'doedd Idris
  Yn gweled dim byd ond coed.

T. Gwynn Jones

Pedwar Chwarter yn y Flwyddyn, Haf, Cynhaeaf, Gaeaf, Gwanwyn

Prognosticasiwn Dr. Powel

(Detholiad)

Fe fydd y flwyddyn nesa
Weithie'n law, weithie'n hindda,
Weithie'n rhew, weithie'n eira,
Weithie'n wanwyn, weithie'n ha.

Rhai'n iach a rhai'n gleifion,
Rhai'n dlawd a rhai'n gyfoethogion,
Rhai'n weiniaid, rhai'n gryfion,
Rhai'n hael, rhai'n grinion.

Rhai'n gul, rhai'n dewion,
Rhai'n llawen, rhai'n bruddion,
Rhai'n hirion, rhai'n fyrion,
Rhai'n synhwyrol, rhai'n ffolion.

Pedwar chwarter yn y flwyddyn,
Haf, cynhaeaf, gaeaf, gwanwyn,
Yn rhywle ŷd a ffynna,
Yn lle arall y metha.

Sion Tudur

Calennig i mi, Calennig i'r ffon

Calennig i mi, Calennig i'r ffon,
Calennig i'w fwyta'r noson hon;
Calennig i nhad am glytio fy sgidiau,
Calennig i mam am drwsio fy sanau.

Wel dyma'r dydd Calan, O cofiwch y dydd,
A rhoddwch galennig o'ch calon yn rhydd;
Dydd cyntaf y flwyddyn, os rhoddwch yn hael
Bydd bendith ar bob-dydd i chwithau'n ddi-ffael.

Calennig i'r meistr, Calennig i'r gwas;
Calennig i'r forwyn sy'n byw yn y plas;
Calennig i'r gŵr, Calennig i'r wraig;
Calennig o arian i bob ysgolhaig.

Traddodiadol

21

Mab y Bwthyn

(Detholiad)

Duw ydyw awdur popeth hardd.
Efe yw'r unig berffaith fardd:
Onid ei delynegion O
Yw'r coed a'r nant, a phlant y fro?
Onid oes un o awdlau'r Iôr
Ar gynganeddion tonnau'r môr,
A llawer hir-a-thoddaid tlws
Yn sŵn y gwynt o dan y drws?
Cei ddarllen ei gywyddau pêr
Bob hwyrnos glir yn llyfr y sêr.
Cei weled yn y glöyn byw
Mor wych yw esgyll engyl Duw.
Duw ydyw awdur popeth hardd.
Efe yw'r unig berffaith fardd.

Cynan

22

Yma mae 'Nghalon, Yma mae 'Nghân

Mae'r gwynt yn y simdde
   Yn rhuo fel llew,
A'r pistyll yn llonydd
   Dan arfbais o rew;
Hel cardod mae'r Robin,
   Â'i lygaid bach hy;
A lluwch mawr o eira
   Wrth dalcen y tŷ.

Fe chwelir y cwysi
   Gan ddannedd yr og,
A chlywir o'r pellter
   Hen ddeunod y gog;
Cyn hir daw y wennol
   I'r bondo yn ôl,
A'r awel i ddawnsio
   Ar laswellt y ddôl.

Mae caeau'r cynhaeaf
   Yn weigion bob un,
A'r hen fwgan brain
   A saif wrtho'i hun.
Mae'r ydlan yn orlawn
   Gan sgubau yr ŷd,
A'r haul sydd yn machlud
   Yn orchest i gyd.

Daw hyrddwynt yr hydre
   Fel cawr dros y bryn
I erlid y tonnau
   Tros wyneb y llyn;
Y dail sydd yn syrthio'n
   Gawodydd o'r coed,
I guddio troadau
   Yr hen lwybr troed.

Dafydd Iwan

23

Y Briallu

Mi welais heddiw'r bore
   Yr aur melyna' 'rioed;
Roedd rhai o dan y perthi,
   Ac eraill yn y coed;
Pwy meddwch chwi a'u collodd,
   Mewn llwyn, a phant, a ffos?
Mae nain yn dweud mai'r Tylwyth Teg,
   Wrth ddawnsio yn y nos.

Eifion Wyn

Tomi

Yr oedd y gloch wedi canu ers meityn
    Nes atsain y wlad â'i ding-dong,
Ond byddar oedd Tomi'r breuddwydiwr bach
    Wrth gerdded ymlaen ling-di-long.

'R oedd hi'n fore o haf ar y gwrychoedd
    A'r blodau'n beryglus o hardd;
Ysbïent, a chwarddent ar Tomi bob un.
    Ac yntau yn dipyn o fardd.

Rhaid aros i siarad â'r blodau,
    (Mae Tomi'n fonheddwr erioed),
A gwrando ar litani'r fronfraith bêr
    O'i chafell ynghanol y coed.

Ond beth yw'r angyles amryliw
    Ddihangodd o'i phlas rhwng y dail,
A Tomi'n ei dilyn ymlaen ac yn ôl,
    A'i wyneb yn goch fel yr haul?

Aeth Tomï'n ddiweddar i'r ysgol,
    A'i galon yn gwbl iach;
Ac nid cyn i'r gansen groesi ei law
    Y deffrôdd y breuddwydiwr bach.

Nantlais

Haf Cynnar

Beth yw'r cymhelri gloyw rhwng y dail?
Beth yw'r llawenydd lliwgar sydd yng ngwallt yr afallen?
Mae llwybrau euraid aflonydd
Fel ceiniogau newydd ar gyffro direidus y dyfroedd.
Mae gwenoliaid fel cyllyll wedi eu taflu i'r awyr
Yn gwichian, yn syrthio ac yn llithro ar hyd y ffurfafen.
Mae'r ddraenen wen yn mygu'n wyn,
Yn gynnwrf llaethog yn y tes
Ac yn siglo ei phen yn ôl plwc yr awel.
Mae'r gwynt yn derfysg oriog yn y gwair,
Yn chwarae mig yn y gwellt
Ac mae'n peri i'r coed ysgwyd gydag arafwch urddasol y môr.

Daw nos eglur a lloer mud, araf a gwyn,
A llond awyr o sêr yn smician fel llygod o'i gwmpas,
A llonyddwch goludog y düwch diderfyn.

Am fod y byd i gyd yn wyn
Fe wyddom ni mai'r haf yw hyn.

Gwyn Thomas

Blodau'r Grug

Tlws eu tw', liaws tawel, — gemau teg
    Gwmwd haul ac awel,
  Crog glychau'r creigle uchel,
  Fflur y main, ffiolau'r mêl.

Eifion Wyn

Y Grug Gwyn

Ar fin y graig yn yr awel iach,
Yn yr awel iach mae gemau heirdd,
Mae gemau heirdd yn glychau bach
Ar fin y graig yn yr awel iach.

Llateion haf ar y bannau drud,
Ar y bannau drud mae'r ceinion prin,
Mae'r ceinion prin o dan wenau hud,
Llateion haf ar y bannau drud.

Cenhadon hedd mewn gwisgoedd glân,
Mewn gwisgoedd glân ar encilion pell,
Ar encilion pell mae'r mwynder mân,
Cenhadon hedd mewn gwisgoedd glân.

Ar fin y graig yn yr awel iach,
Yn yr awel iach mewn gwylaidd drem,
Mewn gwylaidd drem ddug gyfrinach fach
O fin y graig yn yr awel iach.

T. E. Rowlands

Rhyfeddodau

Wrth loetran ennyd ar fy ffordd i'r tŷ,
Fe welais, neithiwr, ryfeddodau lu.
Fe welais wrach yn hedeg ar ei hynt
Â'i gwallt aflêr yn hofran yn y gwynt.

Fe welais gawr yn camu dros ben bryn
A thwr o blant yn edrych arno'n syn.
Ac yna, cerbyd mawr yn croesi dôl,
A llewod gwyllt yn rhedeg ar ei ôl!

'R oedd bachgen bach yn sefyll ar un goes
Yn ymyl castell wedi'i wneud o does;
A llong yn mynd yn erbyn craig o dân
A'i hwyliau gwyn yn fil o ddarnau mân.

A bore heddiw, codais gyda'r wawr
I weled mwy o'r rhyfeddodau mawr.
Ond er im chwilio'n hir a holi'n syn
Ni welais heddiw ond cymylau gwyn.

W. Rhys Nicholas

Ha' Bach Mihangel

I fyny'r dyffryn fe'i gwelais yn dod
Mor debyg i'r Haf ag y gallai fod,

Gan ddiog hamddena'n yr haul ar y rhiw,
A'r tes yn chwarae ar ei wisgoedd lliw.

Guto yn llewys ei grys ar y das
A'r gwyddau'n rhodianna'n y soflydd cras.

Ni ddaeth i feddwl neb yn y byd
Fod dim ond hawddgarwch dan ei gochl clyd,

Nes clywed y cynydd â'i dalihô
Yn galw'i fytheiaid i goed y fro.

Alun Jones

Machlud

(Detholiad)

Adeg y machlud ydyw,
Gwrida'r môr yn borffor byw;
A'r haul yn drist a distaw
Sylla dros y lli' o draw;
Wrth roi ffarwél i'r heli
Gwaeda'n llesg i don y lli'.

Y Lloer   *J. J. Williams*

Tachwedd

Pwy sydd yn dyfod fin nos i lawr,
A chuwch ar ei ael, dros y Moelwyn Mawr?
Gwyntyll y corwynt sydd yn ei law,
A thrwy ei lawrdyrnu yfory y daw;
Caeaf fy nôr nes dywedo'r wawr
Pwy syfl dylathau y Moelwyn Mawr.

Chwardd yn ei afiaith fel cawr mewn gwin,
A'i fantell amdano fel enfys grin;
Casgl y crinddail wrth sŵn ei droed
I'r aelwyd anniddos ym murddun y coed:
Pwy sydd yn crechwen yn droeog flin,
A'i fantell symudliw fel enfys grin?

Cwsg yn anesmwyth, a sang bob bryn,
Cyn diosg ohono 'i sandalau gwyn -
Rhiain ei serch yw'r gelynen werdd,
Ac adar y ddrycin ei adar cerdd:
Pwy sydd yn cerdded o fryn i fryn,
Cyn diosg ohono 'i sandalau gwyn?

Eifion Wyn

Yn Llawn Anifeiliaid Pob Lliw a Phob Llef

Hwiangerdd Ham, Shem a Japheth

Eli, Eli, Eliffant —
wyneb, wyneb, wyneb, sant :
bodiau, bodiau, sownd yn ei sodlau —
a'i drwyn yn llawer is na'i ddant.

Cama, Cama, Cama-mel —
crwman, crwman, crwman del :
drwy'r Sahara heb ddŵr na bara—
mae'i grwman yn rêl hotel.

Croco, Croco, Croco-deil —
dannedd, dannedd gorau'u steil :
bwyta candi yn hynod handi —
ac yfed hen afon Neil.

Noser, Noser, Noser-os —
mae ei gyrn yn glòs, glòs, glòs:
gwyllt a gwallgo a hanner-herco —
heb onibai nac os, os, os.

Canga, Canga, Cangarŵ —
dau droed blaen yn how-di-dŵ :
cuddio potel yn llogell ei fogel —
a how-didi-how-didi-dŵ!

Owain Owain

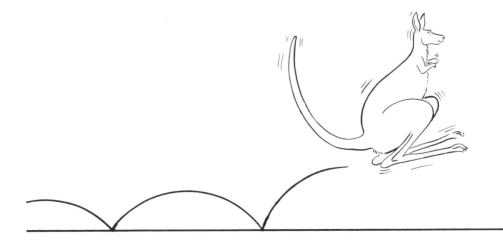

Welwch chi fi?

Welwch chi fi, welwch chi fi,
Welwch chi'n dda, ga'i fenthyg ci?
Mae ci fy nhad
Wedi rhedeg y wlad;
Mae ci fy mam
Yn cerdded yn gam;
Mae ci Modryb Ann
Wedi mynd i'r llan;
Mae ci Modryb Gras
O dan y das;
Mae ci Modryb Gwen
Â chur yn ei ben;
Mae ci Modryb Puw
Yn drwm ei glyw;
Mae ci Modryb Jane
Wedi mynd yn rhy hen;
Mae ci Modryb Elin
Wedi mynd i'r felin;
Mae ci Modryb Marged
Yn methu â cherdded;
Mae ci Modryb Mary
Yn sâl yn ei wely;
Mae ci Modryb Catrin
Allan ers meitin;
Mae ci Modryb Sioned
Yn methu â gweled;
Mae ci Bodo'r Post
Cyn ddalled â phost;
Mae ci tad-cu a chi mam-gu
Wedi mynd allan gyda'n ci ni;
A chi Modryb Ann Tynycoed
Wedi llosgi ei droed
Mewn padell fawr o bwdin!

Traddodiadol

Yn Mynd i'r Siew

Mae naw carafán wedi dod i'r dref,
Yn llawn anifeiliaid pob lliw a phob llef,
Ac mae Siôn a Siân yn mynd tua'r siew,
I weled y teiger a gweled y llew.

Mae'r camel yno a'i gefen crwm,
A'r eliffant mawr sy'n cerdded yn drwm,
Ac yntau'r siraff a'i wddf hir,
Na welwyd mo'i dalach ar fôr nac ar dir.

A'r neidr amryliw o'r fforest bell,
Yn gorwedd yn dorch ar lawr ei chell,
A mwnci direidus fry uwch ben
Yn chware, yn hongian wrth ddarn o bren.

Mae pob creadur o dan y nef,
Yn y naw carafán a ddaeth i'r dref,
Ond y mae Siôn a Siân yn mynd tua'r siew
I weled y teiger a gweled y llew.

Nantlais

Mae Nadolig yn Nesáu

Rhyw fore bu cyfarfod
Ar fuarth mawr yr Hafod,
Y twrcis, gwyddau ddaeth ynghyd
Yr hwyaid, moch a'r ieir i gyd.
Pob un yn cerdded lan a lawr,
A phawb yn wir mewn helbul mawr,
Wedi clywed welwch chi
Fod Nadolig yn nesáu.

Distawrwydd mawr ymhobman,
Y clacwydd aeth i'r llwyfan,
Y ceiliog aeth i'r gadair fawr
Siaradodd ef am hanner awr,
Ac am ryw ddwyawr wedi hyn,
Caed araith hir gan y clacwydd gwyn,
Medd ef, "Mae yn ddifrifol iawn,
Mae Nadolig yn nesáu."

O! cynnig wnaeth y twrci,
Ac eilio wnaeth y cwrci,
Eu bod nhw'n mynd i'r Hafod Wen
A chnoco'r ffermwr ar ei ben,
Ond pan ofynnwyd am help llaw,
Roedd pob un yn llawn ofn a braw,
Er y gwyddai pawb drwy'r lle
Fod Nadolig yn nesáu.

Ac yna ymhen tipyn,
Fe glywyd llais y mochyn,
"Foneddigion, un ac oll,
Rwy'n cynnig inni fynd ar goll,
Rhai gyda'r afon, rhai gyda'r gwynt,
Rhai dros y caeau ar eu hynt,
I wlad lle nad oes unrhyw sôn
Fod Nadolig yn nesáu."

Aeth yr hwyaid gyda'r afon,
Aeth y clacwydd bant yn union,
Aeth y gwyddau lan i'r awyr las
Aeth yr asyn bach â hanner y das.
Mi ddwedodd wrth y ceffyl llwyd
"Mae'n rhaid i ni gael digon o fwyd."
Mynte'r cwrci wrth y ci,
"Dere di, Bisto, gyda fi."
Aeth y ddau gyda'i gilydd yn eitha twt
I lawr y clos gan siglo'u cwt,
Aeth y fuwch a'r mochyn dros y ddôl,
Gadawodd y mochyn ei dwlc ar ôl.
Aeth y twrci ymaith gyda'r paun,
Ma's drwy'r llidiart, lawr i'r waun,
Fe glywyd llais yr hen gym-bac,
"Rwy'n credu cymra inna wac."
Bant yr aeth e dros y bryn,
Ddwedodd e ddim "come-back" tro hyn!
Aeth yr afar lwyd a Titw'r gath;
Ni welwyd dim erioed o'r fath.
A byth oddi ar y diwrnod,
Ni welwyd hwy'n yr Hafod,
Maent un ac oll wedi newid byd
Maent gyda'i gilydd nawr i gyd,
Yn hapus mewn rhyw hyfryd fan
Lle nad oes dim a ddaw i'w rhan,
Ond bwyd a diod drwy'r holl ddydd,
Pawb yn ddedwydd ac yn rhydd,
Neb yn bygwth welwch chi
Fod Nadolig yn nesáu.

    Jic-jic, Jic-jic, Cwac-cwac
    Gobl-gobl, gobl-gobl, cwac-cwac,
    Whish-git, whish-git, ffwrdd â ni,
    Mae Nadolig yn nesáu.

Idwal Jones

Llygoden Fach yr Ŷd

(Allan o *The Meadow Mouse* — Theodore Roethke)

Mewn hen hosan yn y bocs sgidiau du
Mae'r llygoden fach yn huno.

Crynai fel deilen yng nghysgod y gwrych
Nes imi ei dal wrth ei chynffon a'i dwyn hi i'r tŷ
Yng nghawell fy nwylo.

Y peth bach del! Corff crwn, brych
A blewiach fel fy nhaid
O gylch ei gên. Llygaid syn.
Traed bach ffôl
Yn wyn fel caws pan geisiai roddi naid
I'r cae o'm dwylo'n ôl.

Ond nawr, 'r ôl yfed llond llwy de o laeth a chnoi
Tri darn o gaws gorwedda'n dynn
Yn nyth ei chynffon.
Ei bol mor fawr â'i phen! A'i chlustiau,
Er iddi flino'n
Troi a throi
At sŵn na chlywn ni.

Ust!
Ai fi sy'n meddwl nad yw mwy
Yn crynu pan ddof ati hi?

Nad yw'n fy ofni mwy?

Gwynne Williams

Llygod

(Detholiad)

Llygod!
O! dyna i chwi lygod a dyna i chwi sŵn!
Rhai cymaint â chathod, bron cymaint â chŵn;
Rhai duon, rhai llwydion, rhai melyn, rhai brith,
Yn lluoedd afrifed cyn amled â'r gwlith;
   Rhai gwynion, rhai gwinau,
   Rhai tewion, rhai tenau,
Yn rhuthro i'r golau o'r siopau a'r tai,
Gan dyllu trwy furiau o gerrig a chlai;
   Rhai mawrion, rhai bychain,
   Yn hisian a thisian,
A rhedeg dan wichian at Neuadd y Dref,
Ac yno yn heidio, yn dawnsio a neidio
Wrth nodau deniadol ei delyn ef.

Y Fantell Fraith   *I. D. Hooson*

Byd yr Aderyn Bach

Pa eisiau dim hapusach
Na byd yr aderyn bach?
Byd o hedfan a chanu
A hwylio toc i gael tŷ.
Gosod y tŷ ar gesail
Heb do ond wyneb y dail.
Wyau'n dlws yn y mwswm,
Wyau dryw, yn llond y rhwm.
Torri'r plisg, daw twrw'r plant,
'Does obaith y daw seibiant.
Cegau'n rhwth, a'r cig yn rhad.
'Oes mwydon?' yw llais mudiad.
'S dim cyw cu ar du daear
Tra bo saig un tro heb siar.
Pawb wrth eu bodd mewn pabell
Is y gwŷdd, oes eisiau gwell?
A hefyd, wedi tyfu,
Hwyl y plant o gael eu plu'.
Codi, ynte, y bore bach
Am y cyntaf, dim cintach.
Golchi bryst, 'does dim clustiau,
Cot, heb fotymau i'w cau,
Na dwy esgid i wasgu.
Ysgol? Oes, a dysg i lu.
Dasg hudfawr, dysgu hedfan
A mab a merch ymhob man.
Dysgu cân, nid piano,
Dim iws dweud do mi so do.
I'w gwely wedi'r golau.
Gwasgu'n glòs i gysgu'n glau.
Pa eisiau dim hapusach
Na byd yr aderyn bach?

Waldo Williams

Y Drudwy

Pan ddelo'r gaeaf yn ei dro
a'i wyngalch braf i liwio'r fro,
bydd gennyf innau friwsion glân
yn wleddoedd bras i'r adar mân.

Rwy'n caru sŵn y ffrindiau plu,
y dryw bach ciwt, a'r deryn du,
y fronfraith bert, y robin goch,
a'u lleisiau'n gryg gan fegian croch.

Arlwyaf yn y tywydd cas
frecwast i'r titw tomos las;
daw coch y berllan ambell waith
i rannu pryd 'da'r asgell fraith.

Ond mae 'no un trachwantus iawn
sydd yno'r bore a'r prynhawn;
hen dderyn haerllug, cras ei gri,
sy'n llarpio bara dau neu dri.

Ac eto nid wyf innau'n ddig
wrth weld y crystyn yn ei big;
rwy'n cofio iddo gael y fraint
o gludo llythyr i Gaer Saint.

Dafydd Rowlands

43

Ceiliog Ffesant

(ger Pen-marc)

'R oedd Medi'n cynnau
A lledu'i dân
Yn dawel, farwaidd
Drwy farrau'r coed.

Ar yr aelwyd werdd
Rhwng muriau'r wig,
Yno,
    Lle'r eisteddem
'R oedd distawrwydd i'w glywed.

Byd fel pe'n petruso
Ai ymlaen ai yn ôl yr âi
Ar ddibyn dim,
A rhythm pob anadl disgwylgar
Yn arafu, arafu.

Yna,
Â sydynrwydd bollt
Ac â rhwygiad erch
A chwyrndro,
Taniodd.

Fflamiodd o'r brigau
A dihangodd drwy'r nenfwd
Fel darn o'r Hydref
Tua'r haul yn ôl.

J. M. Edwards

Hebog

Pen nobl a mwnwgl praff,
Llathrblu edn llygatgraff.

Gwellaif dy big i gneifio prae,
Erfyn ing, siswrn angau.

Dwy asgell i hollti'r awyr,
Crafangau fel gaflau dur.

Saeth ym mwa'r wybr ydwyt,
Swch y gwynt, peiriant lladd wyt.

Gwilym Rees Hughes

Ceiliog

Mae o'n clywed yr haul
Yn troi yn ei wely tua'r erchwyn
I wisgo'i sgidiau gloyw i drampio'r awyr.
Mae o'n rhagweld gwin ac aur ar war gorwel,
Ac o dawelwch ir y bore daw ei lais
Yn gandryll i unigrwydd y cyfddydd.
Wrth drwch goludog y galw mae'r nos
Fel gwrach dywyll, salw yn hel ei thraed.

Yn yr haul pigloyw ar y buarth
Mae o'n gwefrio, a'i blu'n
Symudliw las, ei eurdorch am ei wddf
A'i gynffon yn helyg blyg o ddisgleirdeb.
Ar flaenau ei draed melyn, yn blyciog-urddasol
Ei gerdded, dyma frenin cochgrib yr ieir.

Rhwng hwn a'r haul y mae cyfamod
I ddal y dydd rhwng tywyllwch bod.

Gwyn Thomas

Y Gylfinir

Dy alwad glywir hanner dydd
   Fel ffliwt hyfrydlais uwch y rhos;
Fel chwiban bugail a fo gudd
   Dy alwad glywir hanner nos;
Nes clywir, pan ddwysâ dy sŵn,
Cyfarth dy anweledig gŵn.

Dy braidd yw'r moel gymylau maith,
   A'th barod gŵn yw'r pedwar gwynt
Gorlanna'th ddiadelloedd llaith,
   I'w gwasgar eilwaith ar eu hynt
Yn yrr ddiorffwys, laes, ddi-fref,
Hyd lyfnion hafodlasau'r nef.

R. Williams Parry

Octopws

Ceffalopod molwsg meddal,
Fel ŵy heb blisg, yn frith o freichiau neu goesau,
Yn hongian yn hwb y llanw dan wyneb y dŵr
Cyn llacio i lawr ar chwâl i'r llonyddwch sy yn y dwfn.
Ei gyrraedd araf sy'n dendar wawr felyn,
Yn drwsgwl eglur ar lawr eigion,
Ac yntau'n chwilota'r dyfroedd
Gan symud ei enau fantach yn y mudandod addfwyn
Sy'n hel o lanw a thrai i hesg breuddwydiol y gwaelod.

Mae hwn fel ymennydd mawr wedi'i dorri
O ben dynoliaeth a'i heglu i lwybrau dŵr.
Mae edrych arno fel syllu ar ddirwyn gallu o'r môr
Yn nhreigl amynedd y byd i adeiladu byw.
Fel gwymon, yn gymysg o freuddwyd a hynafiaeth,
Yn addfwynder diog yn yr heli, darn o gwsg,
Un felly yw'r ceffalopod molwsg.

Gwyn Thomas

Chwythu'i Dân dan Chwibanu

Y Gof

(Detholiad)

Chwythu'i dân dan chwibanu
Ei fyw dôn wna y gof du;
Un llaw fegina, a'r llall
Faluria'r glo fel arall.
Wedi trefnu, taclu'r tân
Ar bwynt allor ei bentan,
Yn hyf mewn hen gleddyf glas
Luniai lawer galanas
Gafaela y gof eilwaith,
Chwery ag ef cyn dechrau'r gwaith;
Yna, try, tery e'n tân
A chwyth yn gryfach weithian,
A gwreichion fflamgochion gant
Drwy dorchau mwg draw dyrchant.
E dyn allan o dân dig
Ei ffwrn, dan ffrio'n ffyrnig,
Yr hen gledd, mawr iawn ei glod
Yn y maes mewn ymosod,
A dwg ef yr adeg hon
Yn wynias ar ei einion;
Ac mewn hwyl â'r morthwyl mawr,
Esgud, â nerth grymusgawr,
Fe'i cura nes â yn swch
Gywrain ei gwas'naethgarwch
I aru'r ddaear iraidd,
A thy' o hon wenith a haidd.

Heddwch   *Gwilym Hiraethog*

Bachgen Bach o Dincer

(Y pennill cyntaf yn draddodiadol)

Bachgen bach o dincer
Yn myned hyd y wlad,
Cario'i becyn ar ei gefn
A gweithio'i waith yn rhad;
Yn ei law roedd haearn
Ac ar ei gefn roedd bocs,
Pwt o getyn yn ei geg
A than ei drwyn roedd locs.

Cydio yn y badell,
Y piser neu'r ystên;
Taro'r haearn yn y tân,
A dal i sgwrsio'n glên;
Eistedd yn y gongol
Un goes ar draws y llall,
Taenu'r sodor gloyw glân
I gywrain guddio'r gwall.

Holi hwn ac arall
Ple'r aeth y tincer mwyn,
Gyda'i becyn ar ei gefn
A'i getyn dan ei drwyn.
Bachgen bach o dincer
Ni welir yn y wlad;
Ow, mae'n golled ar ei ôl
I weithio gwaith yn rhad.

Thomas Parry

Ffwdan Gwen

Aeth fy Ngwen i ffair Pwllheli,
Eisiau padell bridd oedd arni,
Rhodd amdani chwech o sylltau,
Costiai gartre ddwy a dimai.

Aeth fy Ngwen yn fore i odro,
Gwerth y chweswllt rhwng ei dwylo,
Rhodd y fuwch un slap â'i chynffon
Nes oedd y chweswllt bron yn deilchion.

Aeth fy Ngwen yn fore i gorddi,
Eisiau menyn ffres oedd arni,
Tra bu Gwen yn golchi'r potiau,
Y gath a foddodd yn y fuddai.

Aeth fy Ngwen yn fore i bobi,
Eisiau bara ffres oedd arni,
Tra bu Gwen yn nôl y twmbren,
Yr hwch a aeth â'r toes i'r domen.

Aeth fy Ngwen yn fore i olchi,
Eisiau dillad glân oedd arni,
Tra bu Gwen yn nôl y sebon,
Y dillad aeth i lawr yr afon.

Traddodiadol

Bachgen Bach o Ddowlais

Bachgen bach o Ddowlais,
Yn gweithio 'ngwaith y tân,
Bron â thorri'i galon
Ar ôl y ferch fach lân,
Ei goesau fel y pibau
A'i freichiau fel y brwyn,
A'i ben e fel pytaten,
A hanner llath o drwyn.

Traddodiadol

54

Rhifyddeg

Rhifyddeg yw rhifau'n hedfan fel colomennod i mewn ac
allan o'ch pen.
Rhifyddeg yn unig sy'n dweud wrthych faint a enillwch neu
a gollwch os ydych yn gwybod faint oedd gennych cyn i chi
golli neu ennill.
Rhifyddeg yw 'dau tri mam yn dal pry' neu 'wyth naw
syrthio'n y baw'.
Rhifyddeg yw rhifau a wasgwch o'ch pen i'ch llaw, o'ch llaw
i'ch pensil, o'ch pensil i'ch papur nes y cewch yr ateb.
Rhifyddeg yw'r ateb cywir. Popeth yn braf. Edrych allan
drwy'r ffenestr — yr awyr yn las a'r adar yn canu uwchben.
Neu'r ateb anghywir. Gorfod dechrau eto o'r dechrau i weld
beth sy'n digwydd y tro yma.
Os cymerwch chi rif a'i ddyblu eto ac eto ac eto ac eto ac eto
ac eto ychydig mwy fe â'r rhif yn fwy ac yn fwy ac yn fwy ac
yn fwy a dim ond rhifyddeg a all ddweud wrthych beth fydd
y rhif pan benderfynwch chi orffen dyblu.
Rhifyddeg yw gorfod lluosogi a chludo tabl lluosogi yn eich
pen yn saff gan obeithio na chollwch chi ef byth.
Os oes gennych chi ddau fferin, un yn dda a'r llall yn ddrwg
ac yr ydych yn bwyta'r un da ac yn rhoi'r llall i sebra sy'n
gwisgo ei resi du a gwyn o chwith pa sawl fferin fydd
gennych chi ar ôl os oes rhywun yn cynnig pump chwech
saith i chi ac yr ydych chi'n deud Na na na ac yr ydych yn
deud Nai nai nai ac yr ydych yn deud Nis nis nis?
Os gofynnwch i'ch mam am un wy wedi ei ferwi i frecwast
ac mae hithau yn rhoi dau wy i chi ac yr ydych chi'n
mwynhau'r ddau pwy yw'r gorau mewn rhifyddeg,
chi neu'ch mam?

Gwynne Williams

Cân Brychan

Pwy fynd i'r ysgol yn yr haf
A ni ar ddechrau'r tywydd braf?

Pwy wrando athro o fore hyd nos
A deryn du ym Mharc Dan Clos?

Pwy eiste' lawr, â'r drws ar gau
A Dad yn disgwyl help i hau?

Pwy adael Ffan o naw hyd dri
Heb neb i chware gyda hi?

Dic Jones

Y Lein Ddillad

Dacw nhw ar y lein yn rhes,
Yn dawnsio'n llon yn y gwynt a'r gwres.

Medd ffedog fy mam wrth frat fy chwaer,
"A gawn ni fynd gyda'r gwynt i Gaer?"

"Eithaf peth," meddai'r lliain bwrdd,
"Fyddai torri'r lein a dianc i ffwrdd."

Ac yna yn sydyn y lein roddodd lam;
Ac yn wir i chwi dacw ffedog fy mam
Yn esgyn i fyny yn uwch na'r tŷ,
A thros y caeau i ffwrdd â hi.

'Mhen mis neu ddau daeth y gog i'r fro,
I adrodd hanes ffedog ar ffo.
"Mi gwelais hi olaf yn eistedd ar fainc
Mewn pentre bychan ynghanol Ffrainc."

Anhysbys

Caledfwlch

(Detholiad)

Ei ddyrnfol aur addurnfawr,
Cywrain oedd ac arni wawr
O liwiau gemau lawer,
Gwawr y tân ag eira têr;
Lliw gwaed rhudd, lliw gwydr a haul,
Neu sêr yr hafnos araul;
Ei hir lafn dur, lyfned oedd
Â difreg lif y dyfroedd,
A gloyw fel fforchog lewych
Rheiddiau'r haul ar ddisglair ddrych.

Ymadawiad Arthur   *T. Gwynn Jones*

Y Llun

(Detholiad)

Ond yng nghegin y 'Ship'
Mae darn o 'slawer dydd
Wedi ei gadw am byth
A'i hongian ar y mamplis, —
Y 'Meri Ann' ar y trai
Yn drwm o'i chwlwm a'i chalch,
Yn arllwys ei golud
Ar Draeth y Dyffryn
A'r ceffylau ceirt hyd eu boliau'n y dŵr,
Yn aros eu tro
I ddangos eu metel
Ar Riw'r Plas neu ripyn yr odyn.

Morwr a ffermwr,
Certmon a bosn,
Yn rhofio a rhaffo ar gered mawr
I ddal y llanw,
Y llanw a gludai'r hen lester eilwaith
I Hook a Chernyw a Chorc.
Roedd golud eu howldiau yn glasu'r glog
A melysu pawr y meysydd,
Lle'r oedd carn a chorn yn ffynnu
Am fod tân yn yr odyn,
Lle'r oedd glo mân a chlai
Yn glynu wrth glocs y baeddu
A chynhesu'r pentanau
Drwy fflamau glas y twll stwmo,
Ac yn llosgi'n lludw gwyn
I ffrwythloni gerddi'r bythynnod.
Roedd gwres ar yr aelwyd
Am fod gwynt yn yr hwyliau
A deri ar y dŵr.
Roedd bara ar y bwrdd
Am fod cewyll dan y bwiau corcyn
Tu hwnt i Garreg y Ddafad,
A chaws
Am fod 'sgadan erioed yn ysgwyd y rhwydi,
A mecryll yn cynnull wrth y cannoedd
Ar dywydd tawel.

Porth yr Aber   *Dic Jones*

Menywod

Pe medrwn fedr arlunydd byw
   Fel hen Eidalwyr 'slawer dydd
Fu'n taenu gogoniannau Duw
   Ar furiau coeth eglwysi'r Ffydd,
Mi baentiwn ddarlun Phebi'r Ddôl
Yn magu Sioni bach mewn siôl

Pe medrwn gerfio maen â dawn
   Gymesur â'r hen Roegiaid gwych
A roddai osgedd bywyd llawn
   I garreg oer, ddi-deimlad, sych,
Mi gerfiwn wyneb Bet Glan-rhyd
Yn gryf, yn hagr, yn fyw i gyd.

Pe meddwn grefft dramodydd mawr
   I dorri cymeriadau byw,
A rhoi i'r byd ar lwyfan awr
   Ymdrech ddihenydd dynol-ryw,
'Sgrifennwn ddrama Sali'r Crydd
Yn lladd ellyllon ffawd â'i ffydd.

Fe lonnai Phebi'n wên i gyd
   Pan rown y darlun pert o'i blaen,
Ac ymfalchïai Bet Glan-rhyd
   Wrth weld ei hen, hen ben yn faen,
A dwedai Sali'n siriol: ''Twt!
Pa ddwli'n awr sydd ar y crwt?''

Waldo Williams

Y Gegin gynt yn yr Amgueddfa Genedlaethol

Araf y tipia'r cloc yr oriau meithion,
distaw yw'r droëll wedi'r nyddu'n awr,
tawel yw'r baban dan ei gwrlid weithion,
nid oes a blygo tros y Beibil mawr.
Mae'r dresal loyw yn llawn o lestri gleision,
a'r tsieni yn y cwpwrdd bach i gyd,
ffiolau ar ford yn disgwyl cwmni'r gweision,
a'r tecell bach, er hynny, yn hollol fud.
A ddowch chi i mewn, hen bobol, eto i'ch cegin,
o'r ffald a'r beudy llawn, o drin y cnwd?
(Brysia, fy morwyn fach i, dwg y fegin
i ennyn fflamau yn y fawnen frwd).
   Nid oes a'm hetyb ond tipiadau'r cloc,
   ai oddi cartref pawb? . . . *dic doc, dic doc.*

Iorwerth C. Peate

61

Carol y Crefftwr

Mewn beudy llwm eisteddai Mair
ac Iesu ar ei wely gwair;
am hynny, famau'r byd, yn llon
cenwch i fab a sugnodd fron.

Grochenydd, eilia gerdd ddi-fai
am un roes fywyd ym mhob clai;
caned dy droëll glod i Dduw
am un a droes bob marw yn fyw.

Caned y saer glodforus gainc
wrth drin ei fyrddau ar ei fainc;
molianned cŷn ac ebill Dduw
am un a droes bob marw yn fyw.

A chwithau'r gofaint, eiliwch gân,
caned yr eingion ddur a'r tân;
caned morthwylion glod i Dduw
am un a droes bob marw yn fyw.

Tithau, y gwehydd, wrth dy wŷdd,
cân fel y tefli'r wennol rydd;
caned carthenni glod i Dduw
am un a droes bob marw yn fyw.

Llunied y turniwr gerdd yn glau
wrth drin y masarn â'i aing gau;
begwn a throedlath, molwch Dduw
am un a droes bob marw yn fyw.

Minnau a ganaf gyda chwi
i'r Iddew gynt a'm carodd i;
caned y crefftwyr oll i Dduw
am Iesu a droes bob marw yn fyw.

Iorwerth C. Peate

Ddoi di gen i?

Traeth y Pigyn

Ddoi di gen i i Draeth y Pigyn
Lle mae'r môr yn bwrw'i ewyn?
Ddoi di gen i? Ddoi di gen i?
Ddoi di ddim?

Ddoi di i godi castell tywod
A rhoi cregyn am ei waelod?
Ddoi di gen i? Ddoi di —
Ddoi di ddim?

Fe gawn yno wylio'r llongau
A chawn redeg ras â'r tonnau,
Ddoi di gen i?
Ddoi di ddim?

O mae'n braf ar Draeth y Pigyn
Lle mae'r môr yn bwrw'i ewyn,
Pan fo'r awel yn y creigiau,
Pan fo'r haul ar las y tonnau.
Tyrd gen i i Draeth y Pigyn,
Fe gawn wyliau hapus wedyn.
Ddoi di gen i? Ddoi di gen i?
Gwn y doi!

T. Llew Jones

Pwllderi

(Detholiad)

Fry ar y mwni mae 'nghartre bach
Gida'r goferydd a'r awel iach.
'Rwy'n gallid watwar adarn y weunydd, —
Y giach, y nwddwr, y sgrâd a'r hedydd;

'Rown i'n ishte dŵe uwchben Pwllderi,
Hen gartre'r eryr a'r arth a'r bwci.
'Sda'r dinion taliedd fan co'n y dre
Ddim un llefeleth mor wyllt yw'r lle.
'All ffrwlyn y cownter a'r brethin ffansi
Ddim cadw'i drâd uwchben Pwllderi.

'Ry'ch chi'n sefyll fry uwchben y dwnshwn,
A drichid lawr i hen grochon dwfwn,
A hwnnw'n berwi rhwng creige llwydon
Fel stwcedi o lâth neu olchon sebon.
Ma' meddwl amdano'r finid hon
Yn hala rhyw isgrid trwy fy mron.
Pert iawn yw 'i wishgodd yr amser hyn, —
Yr eithin yn felyn, a'r drisi'n wyn,
A'r blode trâd brain yn batshe mowron
Ar lechwedd gwyrdd fel cwmwle gleishon;
A lle ma'r gwrug ar y graig yn bwnge,
Fe dingech fod rhywun yn tanu'r llethre.
Yr haf fu ino, fel angel ewn,
Â baich o ribane ar ei gewn.
Dim ond fe fuse'n ddigon hâl
I wasto'i gifoth ar le mor wâl,
A sportan wrth hala'r hen gropin eithin
I allwish sofrins lawr dros y dibin.
Fe bange hen gibidd, a falle foddi.
Tae *e'n* gweld hinny uwchben Pwllderi.

Dewi Emrys

66

Cwm Berllan

"Cwm Berllan, Un filltir" yw geiriau testun
   Yr hen gennad fudan ar fin y ffordd fawr;
Ac yno mae'r feidir fach gul yn ymestyn
   Rhwng cloddiau mieri i lawr ac i lawr.
A allwn i fentro ei dilyn mewn *Austin*?
   Mor droellog, mor arw, mor serth ydyw hi;
"Cwm Berllan, un filltir," sy lan ar y postyn —
   A beth sydd i lawr yng Nghwm Berllan, 'wn-i?

Mae yno afalau na wybu'r un seidir
   Yn llys Cantre'r Gwaelod felysed eu sudd,
A phan ddelo'r adar yn ôl o'u deheudir
   Mae lliwiau Paradwys ar gangau y gwŷdd.
Mae'r mwyeilch yn canu. Ac yno fel neidir
   Mae'r afon yn llithro yn fas ac yn ddofn,
   Mae pob rhyw hyfrydwch i lawr yng Nghwm Berllan,
Mae hendre fy nghalon ar waelod y feidir —
   Na, gwell imi beidio mynd yno, rhag ofn.

Waldo Williams

67

Ystrad Fflur

Mae dail y coed yn Ystrad Fflur
   Yn murmur yn yr awel,
A deuddeng Abad yn y gro
   Yn huno yno'n dawel.

Ac yno dan yr ywen brudd
   Mae Dafydd bêr ei gywydd,
A llawer pennaeth llym ei gledd
   Yn ango'r bedd tragywydd.

Er bod yr haf, pan ddêl ei oed,
   Yn deffro'r coed i ddeilio,
Ni ddeffry dyn, a gwaith ei law
   Sy'n distaw ymddadfeilio.

Ond er mai angof angau prudd
   Ar adfail ffydd a welaf,
Pan rodiwyf ddaear Ystrad Fflur,
   O'm dolur ymdawelaf.

T. Gwynn Jones

Y Bachgen

''Hen ŵr cloff ar lan yr Eigion
A'i bocedi oll yn weigion,
Beth yr ydwyt yn ei wylio?''
''Dim ond llong sydd acw'n hwylio.''

T. Gwynn Jones

Heibio Ynys Sgogwm

Heibio Ynys Sgogwm:
Llong yn hwylio'n hwyrdrwm.

Heibio Ynys Sgomar
Llong yn mynd fel stemar.

Dal i'r de-orllewin,
Adre bob yn dipyn.

Tacio'n ôl i'r gogledd,
Adre'n syth o'r diwedd.

Cwrs am Ynys Enlli;
Hwylio'n syth amdani.

Heibio 'Nysoedd Gwylan,
Llanw'n mynd ar garlam.

Hwylio drwy Swnt Enlli;
Llanw'n mynd fel cenlli.

Gwynt yn deg am G'narfon,
Wedi morio digon.

J. Glyn Davies

Cân Huw Puw

(Detholiad)

Cei fynd i'r môr ar Fflat Huw Puw, a byw fel gŵr
bonheddig;
Cei gap pig gloyw, 'machgen bach, a sgidie bach a menyg;
Cei frethyn glas, botyme pres a hances sidan hefyd:
Mi fyddi di yn ddigon siwr yn llongwr mewn dau funud;
      Llongwr Fflat Huw Puw;
Pwy sydd am fynd i'r môr ar Fflat Huw Puw?

Cei weled rhyfeddode byd, cei hwylio hyd Bwllheli,
Porthmadog, Nefyn, Abersoch, Traeth Coch a'r Felin Heli;
Biwmares, Amlwch a Llannon, Caernarfon a Chaergybi,
Ceinewydd, Solfach, Abergwaun a Phortdinllaen ac Enlli,
      Oll ar Fflat Huw Puw:
Pwy ddaw am wledydd pell ar Fflat Huw Puw?

J. Glyn Davies

70

Dydd Iau Mawr

(Detholiad)

Ar Ddydd Iau Mawr mewn cart a cheffyl,
Ar Ddydd Iau Mawr mewn hwyl a helbul,
Ar Ddydd Iau Mawr mae pawb yn tyrru
I Borth yr Aber wrth yr heli.

Ar lan y môr mae bwyd yn ffeinach,
Ar lan y môr mae te'n flasusach,
Ar lan y môr mae gwraig Penpompren
Yn berwi dŵr a chrasu teisen.

Yn nŵr y môr mae swnd a chregyn,
Yn nŵr y môr mae ambell grancyn,
Yn nŵr y môr mae rhyfeddode
A bois Trelech yn nofio'r tonne.

Mae sgadan ffres ar draeth y Dyffryn,
Mae sgadan ffres yn rot y dwsin,
Mae sgadan ffres a phob rhyw drysor,
Pan fo llongau'r Plas yn bwrw angor.

Ar longau'r Plas mae calch a chwlwm,
Ar longau'r Plas mae morwyr hanswm,
Ar longau'r Plas rwy'n mynd i forio,
Ac ni ddof 'nôl i Gymru eto.

Porth yr Aber   *Dic Jones*

Ynys yr Hud

(Detholiad)

'Roedd pob cerpyn ar i fyny,
        a'r holl gyrt yn dyn fel tannau,
  Ninnau'n llithro drwy'r trofannau,
        ugain niwrnod rownd yr Horn.
Ni bu long ar daith fuanach,
        gyda'i hwyliau i gyd yn tynnu,
  'Roedd hi'n nefol, — ond ar hynny,
        dyma'r gwynt yn lleddfu'i gorn.

Ugain niwrnod yn nhawelwch
        Môr y De yn llyfn fel grisial;
  Drwy y rigin nid oedd sisial,
        dim ond araf ferw'r gwres.
'Roedd rhyw law o dan y gwaelod,
        fel tae anweledig beiriant
  Yn ein gwthio drwy'r llifeiriant,
        yn ein llithio o hyd yn nes,

Nes at ynys ar y gorwel,
        werdd yn goron ar y glasddwr;
  'Roedd hi'n gorwedd yn ei basddwr,
        gyda'i chwrel wrth ei throed,
Ninnau'n syn fel rhai mewn breuddwyd,
        pawb ar flaen y llong yn sbïo,
  A rhyw dderyn mwyn yn crio'r
        gân felysa fu erioed.

Cyn pen hir o gwr y dwyrain,
        cododd tipyn bach o awel
  Gan ein chwythu'n araf dawel
        draw i'r porthladd dros y bar:
Mewn munudyn, 'roedd yr angor
        dros y bwrdd yn gwanu'r heli,
  A'r hen *Sioned* yn ei gwely,
        heb un cerpyn ar ei gwar.

O ryfeddod bod yr Arglwydd
     wedi cadw ei drysorau
Draw ynghudd tu ôl i ddorau
     ynys fach ym Môr y De,
Ninnau hogiau'r Felinheli,
     deuddeg gŵr o longwyr breision
Yn cael crwydro llennyrch gleision,
     hir gynteddau gwlad y ne, —

    Twm Huws o Ben y Ceunant,
      A Roli bach, ei frawd,
    A deg o longwyr gwirion
      O lannau Menai dlawd.

    Cerrig oedd tir ein cartref,
      A llwydaidd oedd ein hynt:
    'Doedd dim yn digwydd yno
      Ond haul a glaw a gwynt.

    Am nad oedd dim yn digwydd
      I mi na Roli 'mrawd,
    A Duw heb wneuthur gwyrthiau
      Ar lannau Menai dlawd,

    Ni aethom ryw ben bore
      I grwydro dros y byd,
    I geisio gwyrthiau'r Arglwydd,
      A gweld ei bethau drud.

W. J. Gruffydd

Santa Fe

'R wy'n mynd yn rhywle, heb wybod ym mh'le,
Ond mae enw'n fy nghlustiau — Santa Fe,

A hwnnw'n dal i dapio o hyd
Y dagrau sydd gennyf i enwau'r byd, —

Yr enwau persain ar fan a lle:
'R wy'n wylo gan enw — Santa Fe.

T. H. Parry-Williams

Mae'r Esgid Fach yn Gwasgu

Mae 'Nghalon i cyn Drymed

Mae 'nghalon i cyn drymed
  Â'r march sy'n dringo'r rhiw;
Wrth geisio bod yn llawen
  Ni fedraf yn fy myw.
Mae'r esgid fach yn gwasgu
  Mewn man na wyddoch chwi,
A llawer gofid meddwl
  Sy'n torri 'nghalon i.

Traddodiadol

Hiraeth

Derfydd aur, a derfydd arian,
Derfydd melfed, derfydd sidan,
Derfydd pob dilledyn helaeth;
Eto er hyn ni dderfydd hiraeth.

Fe gwn yr haul, fe gwn y lleuad,
Fe gwn y môr yn donnau irad,
Fe gwn y gwynt yn uchel ddigon;
Ni chwn yr hiraeth byth o'm calon.

Traddodiadol

Y Band Un Dyn

Byddai ei gorff yn mynd i gyd
Fel petai arno hwrdd o'r cryd,
A byddai ganddo fwy o faich
Nag a gofleidiai ei ddwy fraich;
Cans ar ei gefn fe gariai ddrwm,
A chan fod morthwyl hon ynghlwm
Wrth ei benelin hi rôi fwm
Pan roddai hwn i hwnnw broc
Yn ôl, ymlaen, fel pendil cloc.
Fry ar ei war — os dyna'r drefn,
Fodd bynnag, ar ryw gwr o'i gefn
Lle'r oedd ei ddwylo'n llwyr ddi-les —
Perfformiai pâr o blatiau pres;
A dotiai'r dyrfa at ei fedr
I weithio'r rhain â'r llinyn lledr
A fachwyd rywfodd wrth ei droed
Yn fwyaf cyfrwys fu erioed.

'R oedd hyn o'i seindorf o'i du ôl,
Ond dan ei lygad yn ei gôl
Y nyrsiai'i fagbib, fel un fach
Yn magu'i doli, ac o hon
Fe wasgai fiwsig lleddf a llon;
Ac fel y chwyddai'r ddwyfoch iach
I gadw'r cacwn yn y cwd
Yn brysur gyda'u murmur brwd!
Ynghylch ei helm 'r oedd clychau'n llawn
O beraidd barabl fore a nawn.
Pob rhan o'i berson barai sŵn
A phawb a'i carai ond y cŵn.

O! gwych gan fechgyn ar y stryd
Oedd gweld y gŵr yn mynd i gyd.
Ond i b'le'r aeth? Pa dynged oer
A'i dug o olau haul a lloer?
Hen fand un dyn! Wrth fynd a dod
Fe'i 'sgydwodd ef ei hun o fod,
A rhyfedd fel y rhydd im frath
Na welaf eto fand o'i fath.

R. Williams Parry

Caeau Pen-y-Bryn

Aeth llawer gwaneg fechan
A llawer moryn gwyn
I'r glannau, er pan gefnais dro
Ar gaeau Pen-y-bryn.

Y môr yn galw'n gryfach,
A sianti'r rigyn tyn
Oedd wedi mynd i'm gwaed, 'Co Bach',
Gadewais Ben-y-bryn.

Breuddwydiwn; gwelwn diroedd
A rhyfeddodau syn —
'Roedd hud a lledrith yn y môr
O gaeau Pen-y-bryn.

'R ŷm wedi riffio'r hwyliau,
Mae'r môr yn drochion gwyn,
Mi rown y cread heno, 'Co',
Am gaeau Pen-y-bryn.

Charles Jones

Yn Harbwr San Francisco

Hen leuad wen, uwch ben y byd,
   a ddoist ti o hyd i Gymro
a aeth yn bell o'i wlad ei hun,
   o Leyn i San Francisco.
Mor dda dy gwmni hyd y môr,
   ac wrth ein hangor heno,
fel hen Gymraes uwch ben y dŵr,
   yn harbwr San Francisco.

Y mae fel goleu dydd ar lan
   a phob man yn disgleirio,
a thaflu gwreichion hyd y dŵr
   yn harbwr San Francisco.
Ond medraf weld dy oleu gwyn,
   wrth imi syn fyfyrio,
ar Bortinllaen, a'i bau a'i glan,
   o bellder San Francisco.

Mae sŵn y strydoedd ar y clyw,
   a'r dref yn fyw ac effro,
a sŵn rhialtwch mawr y lan
   dros harbwr San Francisco.
Ond tawel iawn yw glenydd Lleyn;
   ar ben fy hun 'rwy'n gwrando
am stwyrian pell 'r hen olwyn ddŵr,
   o harbwr San Francisco.

Yfory byddi uwch ben Lleyn
   yn gweld pob un a'm caro,
a gweld y tai mewn gwlad sydd well,
   yn bell o San Francisco.
Cei fynd yn dawel ar dy hynt;
   ni all dim gwynt dy rwystro;
ond stormydd geirwon sydd o mlaen
   i Bortinllaen o Frisco.

J. Glyn Davies

Y Deryn Du a'i Blyfyn Shitan

Y deryn du a'i blyfyn shitan,
A'i big aur a'i dafod arian,
A ei di drosto'i i Gydweli
I sbio hynt y ferch rwy'n garu.

Un, dau, tri pheth sy'n anodd i mi,
Yw rhifo'r sêr pan fo hi'n rhewi;
A doti'n llaw i dwtsh y lliad;
A deall meddwl f'annwl gariad.

Llawn iawn yw'r ŵy o wyn a melyn;
Llawn iawn yw'r môr o swnd a chregyn;
Llawn iawn yw'r coed o ddail a blota,
Llawn iawn o gariad ydw inna.

Traddodiadol

Y Ferch o Dy'n y Coed

(Y pennill cyntaf yn draddodiadol)

Mi fûm yn gweini tymor
   Yn ymyl Ty'n y Coed
A dyna'r lle difyrra
   Y bûm i ynddo 'rioed:
Yr adar bach yn tiwnio
   A'r coed yn suo 'nghyd.
Fy nghalon fach a dorrodd
   Er gwaetha'r rhain i gyd.

Mi 'listia'n ffair g'langaea
   Os na ddaw petha'n well.
Mi gymra'r swllt a hwylio
   Am lannau'r India bell.
Mi ffeiria diwnio'r adar
   Am sŵn y bib a'r drwm.
Mi ffeiria'r coed a'u suon
   Am su'r pelennau plwm.

A phan ga i fy saethu
   Bydd hancas sidan wen
Yn goch uwch clwyf fy nghalon,
   O! ewch â hi at Gwen.
A dwedwch wrth ei rhoddi
   Yn llaw'r greulona 'rioed:—
"Gan Wil fu'n gweini tymor
   Yn ymyl Ty'n y Coed."

Cynan

Y Llanc Ifanc o Lŷn

Pwy ydyw dy gariad, lanc ifanc o Lŷn,
Sy'n rhodio'r diwedydd fel hyn wrtho'i hun?
Merch ifanc yw 'nghariad o ardal y Sarn,
A chlyd yw ei bwthyn yng nghysgod y Garn.

Pa bryd yw dy gariad, lanc ifanc o Lŷn,
Sy'n rhodio'r diwedydd fel hyn wrtho'i hun?
Pryd tywyll yw 'nghariad, pryd tywyll yw hi,
A'i chnawd sydd yn wynnach nag ewyn blaen lli.

Sut wisg sydd i'th gariad, lanc ifanc o Lŷn,
Sy'n rhodio'r diwedydd fel hyn wrtho'i hun?
Gwisg gannaid sidanwe, sy laes at ei thraed,
A rhos rhwng ei dwyfron mor wridog â'r gwaed.

A ddigiodd dy gariad, lanc ifanc o Lŷn,
Sy'n rhodio'r diwedydd fel hyn wrtho'i hun?
Ni ddigiodd fy nghariad, ni ddigiodd erioed
Er pan gywirasom ni gyntaf yr oed.

Pam ynteu daw'r dagrau, lanc ifanc o Lŷn,
I'th lygaid wrth rodio'r diwedydd dy hun?
Yr Angau a wywodd y rhos ar ei gwedd,
A gwyn ydyw gynau bythynwyr y bedd.

William Jones

Tut-Ankh-Amen

Yn Nyffryn y Brenhinoedd gwaedd y sydd
   Am ogoneddus deyrn yr euroes bell,
   Heb lais na chyffro yn y ddistaw gell
Na gŵr o borthor ar yr hundy cudd;
Er cynnau'r lamp, ni ddaw i'r golau mwyn,
   Er gweiddi seithwaith uwch, ni chlyw efe;
   ''Pharaoh'' —ust! na, nid yw'r teyrn yn nhre'
Na'r un gwarchodlu a omedd ichwi ddwyn
Ei olud; ewch a rhofiwch, llwyth ar lwyth,
   Heb arbed dim, na'r aur na'r ifori,
   Na'r meini prid, na'r pres, na'r eboni,
Ac ymestynnwch ar y meinciau mwyth:
   Ni'ch goddiweddir ddim; mae'r teyrn ar daith,
   Ni ddychwel heno, — nac yfory chwaith.

Crwys

Cofio

Un funud fach cyn elo'r haul o'r wybren,
    Un funud fwyn cyn delo'r hwyr i'w hynt,
I gofio am y pethau anghofiedig
    Ar goll yn awr yn llwch yr amser gynt.

Fel ewyn ton a dyr ar draethell unig,
    Fel cân y gwynt lle nid oes glust a glyw,
Mi wn eu bod yn galw'n ofer arnom —
    Hen bethau anghofiedig dynol ryw.

Camp a chelfyddyd y cenhedloedd cynnar,
    Anheddau bychain a neuaddau mawr,
Y chwedlau cain a chwalwyd ers canrifoedd
    Y duwiau na ŵyr neb amdanynt 'nawr.

A geiriau bach hen ieithoedd diflanedig,
    Hoyw yng ngenau dynion oeddynt hwy,
A thlws i'r glust ym mharabl plant bychain,
    Ond tafod neb ni eilw arnynt mwy.

O, genedlaethau dirifedi daear,
    A'u breuddwyd dwyfol a'u dwyfoldeb brau,
A erys ond tawelwch i'r calonnau
    Fu gynt yn llawenychu a thristáu?

Mynych ym mrig yr hwyr, a mi yn unig,
    Daw hiraeth am eich 'nabod chwi bob un;
A oes a'ch deil o hyd mewn cof a chalon,
    Hen bethau anghofiedig teulu dyn?

Waldo Williams

Ronsyfál

Fynyddoedd llwyd, a gofiwch chwi
   helyntion pell y dyddiau gynt?
'Nid ydynt bell i ni, na'u bri
   yn ddim ond sawr ar frig y gwynt.
Ni ddaw o'n niwl un milwr tal,
o'r hen oes fud, i Ronsyfál.'

Gwelsoch fyddinoedd Siarlymaen,
   ai diddim hwythau oll achlân,
holl fawredd Ffrainc, syberwyd Sbaen,
   Rolant a'i wŷr, a'r Swleimân?
'Maent fudion mwy, a'u nerth yn wyw.
Yn Ronsyfál yr hyn sy fyw

yw'n mawredd ni,—y gwellt a'r grug,
   ac isel dincial clychau'r gyr,
a'r gostyngedig wŷr a blyg
   pan glywont gnul, brynhawnddydd byr.
Niwloedd a nos, y sêr a'r wawr,
yn Ronsyfál y rhain sy fawr.'

Lledodd y caddug tros y cwm
   (o! glodfawr wŷr, mor fyr yw clod),
clyw-wn y da'n anadlu'n drwm
   (o! fywyd, bychan yw dy rod);
ac aros nes i'r gwyll fy nal,
a'r nos a fu, yn Ronsyfál.

Iorwerth C. Peate

Gwyn eu Byd yr Adar Gwylltion

Gwyn eu Byd

Gwyn eu byd yr adar gwylltion,
Hwy gânt fynd y ffordd a fynnon',
Rhai tua'r môr a rhai tua'r mynydd,
A dŵad adref yn ddigerydd.

Traddodiadol

Y Ci Strae

Ci cyfrwys a thenau,
Ci gwyllt hyd y caeau,
Heb gysgod, heb gartre,
Heb fwyd er ys dyddie.

Ci ffyrnig, ci cyndyn,
Ni wrendy ar undyn,
Heb neb i'w anwesu,
Heb dân i'w gynhesu;
A'i gyfran bob adeg
Yw pastwn neu garreg.

Ci garw, ci buan
Yn byw wrtho'i hunan,
Ci bawlyd, ci carpiog,
A'i ddannedd yn finiog.

Ci du, gwyn a melyn
A phawb iddo'n elyn.
Hen gi melltigedig
Ac anwareiddiedig,
Ci creulon ymladdgar
Heb ffrind ar y ddaear.

Ci unig, ci dedwydd,
Mor rhydd â'r ehedydd,
Heb law i'w feistroli
Na llais i'w reoli.

T. Llew Jones

Diofal yw'r Aderyn

Diofal yw'r aderyn,
Ni hau ni fed un gronyn;
   Heb ddim gofal yn y byd,
Ond canu ar hyd y flwyddyn.

Fe eistedd ar y gangen,
Gan edrych ar ei aden;
   Heb un geiniog yn ei god,
Yn lliwio a bod yn llawen.

Fe fwyty'i swper heno,
Ni ŵyr ym mh'le mae'i ginio,
   Dyna'r modd y mae yn byw, —
A gado i Dduw arlwyo.

Traddodiadol

Y Sipsiwn

Gwelais ei fen liw dydd
   Ar ffordd yr ucheldir iach,
A'i ferlod yn pori'r ffridd
   Yng ngofal ei epil bach;
Ac yntau yn chwilio'r nant
   Fel garan, o dro i dro,
Gan annos ei filgi brych rhwng y brwyn,
   A'i chwiban yn deffro'r fro.

Gwelais ei fen liw nos
   Ar gytir gerllaw y dref;
Ei dân ar y gwlithog lawr,
   A'i aelwyd dan noethni'r nef:
Ac yntau fel pennaeth mwyn
   Ymysg ei barablus blant, —
Ei fysedd yn dawnsio hyd dannau'i grwth,
   A'i chwerthin yn llonni'r pant.

Ond heno pwy ŵyr ei hynt?
   Nid oes namyn deufaen du,
A dyrnaid o laswawr lwch,
   Ac arogl mwg lle bu:
Nid oes ganddo ddewis fro,
   A melys i hwn yw byw —
Crwydro am oes lle y mynno ei hun,
   A marw lle mynno Duw.

Eifion Wyn

Y Cŵn Hela

    Tali ho!
  Medd pawb trwy'r fro
  Fel rhai o'u co',
    Tali-ho!
Mae'r cwm i gyd yn llawn o sŵn,
Carlamu meirch a chyfarth cŵn,
A phawb yn dilyn ar eu hôl
Dros glawdd a nant, dros ffridd a dôl;
Mae'r cotiau coch yn mynd fel tân
Ar hyd y lôn at Allt-y-frân.

Tali-ho!
Medd pawb trwy'r fro
Fel rhai o'u co',
Tali-ho!
Trwy'r allt yr ânt i gyd ar frys
A thros y cae at dŷ Sion Prys;
I lawr i'r cwm a thros y clawdd
I waun Pen-lan, a neidio'n hawdd
Dros lwyni drain a chlwydi pren,
A chroesi gweirglodd fawr Dôl-wen.

Tali-ho!
Medd pawb trwy'r fro
Fel rhai o'u co',
Tali-ho!
Â'r pac bytheiaid ar ei hynt
Ffy'r cadno chwimwth fel y gwynt,
Dros ysgwydd bryn a chefnen rhos
A groesodd ganwaith yn y nos,
Nes cyrraedd hollt hen Graig-y-rhyd,
Yn ddiogel mwy rhag cŵn y byd.

W. Rhys Nicholas

95

Caethglud yr Ebol

Echdoe, ar y Frenni Fawr
Mor rhydd â'r dydd y'm ganed,
Prancio'n sŵn y daran groch,
A'm mwng yn wyn gan luched.

Neithiwr, gyda Jaci'r gof
Yn gwylltu'n sŵn yr einion,
A ffwrdd â mi wrth reffyn tyn
I'm gwerthu'n rhad i borthmon.

Heno, ar olwynion chwyrn,
Yn mynd — heb symud gewyn,
A chlawdd a pherth a chlwyd a chae
Yn dirwyn heibio'n llinyn.

Mynd yr wyf, heb wybod b'le,
Na deall iaith y porthmon,
Ond gwn nad hon oedd iaith y gof
A'm molai wrth yr einion.

A gwn, pe cawn fy nhraed yn rhydd,
A'r rheffyn hwn yn ddatglwm,
Mai'n ôl yr elwn gyda'r wawr
I'r Frenni Fawr ddi-orthrwm;

Lle mae'r hedydd bach a ddôi
Hyd at y brwyn i'm deffro,
Lle mae'r nant a neidiwn gynt
Pan o'wn i'n ebol·sugno.

War yng ngwar â'r ebol broc
Sy'n pori'r hen oleddau,
Yno carwn innau fod
Â'r borfa dros fy ngharnau.

Cofiaf byth y gynffon hir,
A'r llethrau ir di-berchen,
Tra bo gwineu 'mlewyn byr,
A seren ar fy nhalcen.

Ffarwél, byth, y Frenni Fawr,
Yn iach, fy nghyd-ebolion,
Gwae i minnau weld na gof
Na ffrwyn na ffair na phorthmon.

Crwys

Hen Ŵr o'r Coed

(Orang Utang, yn y Sw yn Llundain)

Hen ŵr o'r coed!
   Buost gynt mewn fforest ddwys yn deyrn;
Ond heddiw yn lle'r gwiail glas,
   Y barrau heyrn.

Hen ŵr o'r coed!
   Mor sarrug ar dy sypyn gwellt,
'Does ryfedd fod dy lygaid du
   Yn poeri mellt.

Hen ŵr o'r coed!
   Mae'r dorf yn gwenu o gylch dy gell,
Heb gofio am dy gaethglud oer
   A'th gartref pell.

Hen ŵr o'r coed!
   Nid chwerthin sy'n fy nghalon i,
Ond syndod clwyfus, dicter mud
   A dagrau'n lli.

Hen ŵr o'r coed!
   Oes hiraeth arnat am dy fro,
Am heulwen gynnes ar y dail
   Yn Borneo?

Hen ŵr o'r coed!
   Dywedant dy fod tithau'n un
O'r teulu, er dy fod mor swrth
   A gwael dy lun.

Hen ŵr o'r coed!
   Paham y ffoist i'r allt mor ffôl
Gan lechu ar y llwybrau du
   Mor bell yn ôl?

Hen ŵr o'r coed!
   'R wyt bellach wedi colli'n hiaith;
Mae haearn rhyngom ni ein dau
   A muriau maith.

Hen ŵr o'r coed!
   Fu gynt mewn fforest ddwys yn deyrn —
Tybed a ddryllia Duw, ryw ddydd,
   Y barrau heyrn?

Wil Ifan

Dim ond Lleuad Borffor

Sŵn

Liw nos ni chlywir, medde' nhw,
Ond hwtian oer y Gwdi-hŵ,
Mae pawb a phopeth yn y cwm
Yn ddistaw bach — yn cysgu'n drwm.

Rhyw gelwydd noeth yw hynny i gyd,
Mae'r nos yn llawn o sŵn o hyd.
Mi glywais i un noson oer
Sŵn cŵn yn udo ar y lloer.

A chlywais unwaith, ar fy ngair,
Sŵn llygod bach yn llofft y gwair,
Rhyw sŵn fel sŵn y gwynt drwy'r dail, —
Rhyw gyffro bach, a sibrwd bob yn ail.

Mi glywais wedyn ar ôl hyn
Grawcian brogaod yn y llyn,
A chlywais unwaith, ar fy ngwir,
Gipial y llwynog o'r Graig Hir.

Pan ddring y lloer a'r sêr i'r nen
A sŵn y. byd i gyd ar ben,
Pan gilia pawb i'r tŷ o'r clos,
Cawn gyfle i wrando ar leisiau'r nos.

T. Llew Jones

Atgo

Dim ond lleuad borffor
   Ar fin y mynydd llwm;
A sŵn hen afon Prysor
   Yn canu yn y cwm.

Hedd Wyn

Dawns y Dail

Fe waeddodd Gwynt yr Hydref,
   Mae'n waeddwr heb ei ail,
''Dewch i sgwâr y pentre i gyd
   I weled dawns y dail.''

'' 'Rwy'n mynd i alw'r dawnswyr
   O'r perthi ac o'r coed,
A byddant yma cyn bo hir
   Yn dawnsio ar ysgafn droed.''

I ffwrdd â Gwynt yr Hydref
   A'i sŵn fel taran gref,
Ond cyn bo hir fe ddaeth yn ôl
   A'r dawnswyr gydag ef.

Oll yn eu gwisgoedd lliwgar
   O'r glyn a choed yr ardd,
Rhai mewn melyn, gwyrdd a choch
   A rhai mewn porffor hardd.

A dyna'r ddawns yn cychwyn!
   O dyna ddawnsio tlws!
A chlywais innau siffrwd traed
   Wrth folltio a chloi'r drws.

Ond pan ddihunais heddiw
   'Roedd pibau'r gwynt yn fud,
A'r dawnswyr yn eu gwisgoedd lliw
   Yn farw ar gwr y stryd.

T. Llew Jones

Pe bawn i . . .

Pe bawn i yn artist mi dynnwn lun
Rhyfeddod y machlud dros benrhyn Llŷn:

Uwchmynydd a'i graig yn borffor fin nos
A bae Aberdaron yn aur a rhos.

Dan Drwyn-y-Penrhyn, a'r wylan a'i chri
Yn troelli uwchben, mi eisteddwn i

Nosweithiau hirion nes llithio pob lliw
O Greigiau Gwylan a'r tonnau a'r rhiw.

Ac yna rhown lwybyr o berlau drud
Dros derfysg y Swnt i Ynys yr Hud:

Mewn llafn o fachlud ym mhellter y llun
Ddirgelwch llwydlas yr Ynys ei hun.

''Ond 'wêl neb mo Enlli o fin y lli.''
''Pe bawn i yn artist,'' ddywedais i.

T. Rowland Hughes

Marchnad y Corachod

(Detholiad)

Hwyrnos a bore
Clywai rhianedd alw'r dyneddon di-ri;
''Dowch prynwch ffrwythau
Ein hudol berllannau,
Dowch prynwch, prynwch ein ffrwythau ni.
Cochion afalau,
Melyn lemonau,
Melys orenau,
A phêr bomgranadau;
Y mefus a'r mafon,
A'r mwyar bach duon,
Y ceirios crwn cochion,
Dowch prynwch yr awrhon,
Dowch prynwch, prynwch
Ein ffrwythau ni,
Yn aeddfed eu rhin
Yn yr hafaidd hin;
Boreau sy'n cilio,
Hwyrnosau yn treulio,
Dowch prynwch, prynwch ein ffrwythau ni;
Eirin mawr cochion,
Eirin Mair dirion,
Ffigys a sitron, afalau a phêr,
Dowch prynwch, prynwch
Ein ffrwythau pêr.''

Christina Rossetti

(cyf. Aneirin Talfan Davies)

Pitran-Patran

'R wy'n gorwedd yn y gwely,
   A chwsg ymhell ar ffo.
'R wy'n clywed y glaw yn pitran-patran
   Ar hyd y to.

'R wy'n caru meddwl heno
   Fod pobun hyd y fro
Yn clywed y glaw yn pitran-patran
   Ar hyd y to.

Mae'r brenin yn ei balas
   Ac ym Mhenllwyn mae Jo,
Yn clywed y glaw yn pitran-patran
   Ar hyd y to.

Mae merched bach y sipsiwn
   Sy'n aros ar y tro
Yn clywed y glaw yn pitran-patran
   Ar hyd y to.

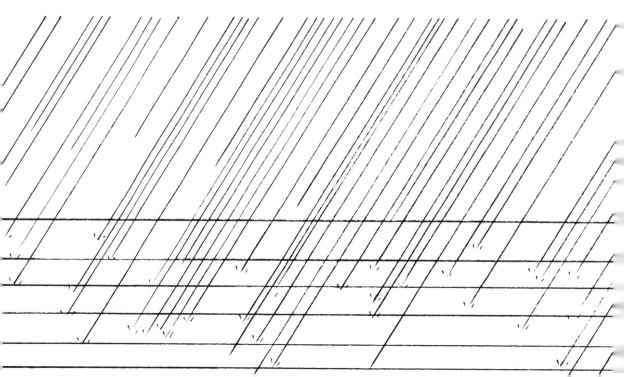

Mae Darbi yn y stabal
  A'r pedair buwch a'r llo
Yn clywed y glaw yn pitran-patran
  Ar hyd y to.

Mae Carlo yn ei genel,
  A'r hwyaid bach dan glo
Yn clywed y glaw yn pitran-patran
  Ar hyd y to.

Mae'r llygod yn y llafur—
  Pob peth ble bynnag bo
Yn clywed y glaw yn pitran-patran
  Ar hyd y to.

Clywed y glaw yn pitran-patran
  Mae pobun trwy y fro,
Pitran-patran, pitran-patran,
  Y glaw yn pitran-patran 'to.

Waldo Williams

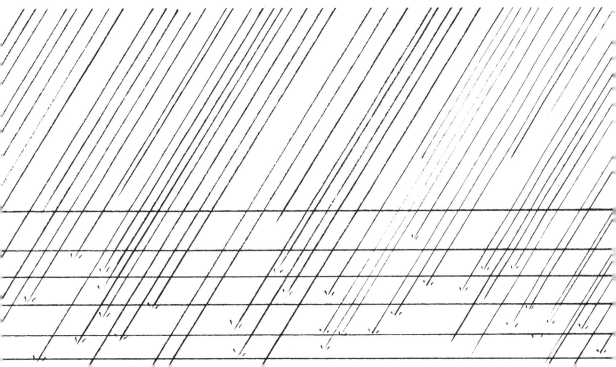

I Wylio'r Drin pan Alwo'r Drwm

Tachwedd

Mae lluoedd y Gorllewin coch
Yn paratoi'u byddinoedd croch,
A'r Dwyrain du y gynnau mawr —
Bydd tanio unrhyw funud 'nawr.

Mae'r deri cryf â'u cotiau i lawr
Yn barod i'r ymladdfa fawr,
A phenderfyna gallt Blaen-cwm
Sefyll ei thir pan gano'r drwm.

Hen fetrans llawer sgarmes gynt,
Cynefin gad y glaw a'r gwynt;
Siglant fel meddwon yn eu hwyl,
A'r brain uwchben yn porthi'r ŵyl.

Ysigir braich a chollir gwaed,
Ond deil pob milwr ar ei draed;
Gwyn fyd a drigo yn y cwm
I wylio'r drin pan alwo'r drwm!

Isfoel

Marwnad yr Ehedydd

(Y pennill cyntaf yn draddodiadol)

Mi a glywais fod yr 'hedydd
Wedi marw ar y mynydd.
Pe gwyddwn i mai gwir y geiria',
Awn â gyr o wŷr ag arfa'
I gyrchu corff yr 'hedydd adra'.

Mi a glywais fod yr hebog
Eto'n fynych uwch y fawnog,
A bod ei galon a'i adenydd
Wrth fynd heibio i gorff yr 'hedydd
Yn curo'n llwfr fel calon llofrudd.

Mi a glywais fod cornchwiglan
Yn ei ddychryn i ffwrdd o'r siglan
Ac na chaiff, er dianc rhagddi,
Wedi rhusio o dan y drysi,
Ond aderyn y bwn i'w boeni.

Mi a glywais gan y wennol
Fod y tylwyth teg yn 'morol
Am arch i'r hedydd bach o risial,
Ac am amdo o'r pren afal;
Ond piti fâi dwyn pob petal.

Canys er mynd â byddin arfog
Ac er codi braw ar yr hebog,
Ac er grisial ac er bloda',
Er yr holl dylwyth teg a'u donia',
Ni ddaw cân yr hedydd adra'.

Cynan

113

Barti Ddu

Hywel Dafydd, 'r ôl brwydrau lu
Ar y cefnfor glas yn ei hwyl-long ddu,
   A glwyfwyd yn dost,
   Er ei rwysg a'i fôst,
Ar y cefnfor glas yn ei hwyl-long ddu.

A'r morwyr yn holi'n brudd eu bron:
''Pwy fydd ein llyw i hwylio'r don;
   Pwy fydd y llyw
   Ar y llong a'r criw,
A Chapten Dafydd yng ngwely'r don?''

''Barti Ddu o Gas Newy' Bach,
Y morwr tal â'r chwerthiniad iach;
   Efô fydd y llyw
   Ar y llong a'r criw —
Barti Ddu o Gas Newy' Bach.''

Ac i ffwrdd â hwy dros y tonnau glas,
I ffwrdd ar ôl yr Ysbaenwyr cas,
   I reibio o'u stôr,
   Ar briffyrdd y môr,
Longau Ysbaen ar y tonnau glas.

Barti Ddu yn ei wasgod goch
A gerddai y bwrdd gan weiddi'n groch;
   Gyda'i wn a'i gledd,
   Yn ddiofn ei wedd,
Yn ei felyn gap gyda'i bluen goch.

A'r morwyr yn canu ag ysgafn fron
I'r pibau mwyn ac i su y don:
    ''Bar — Bartholomew,
    Bar — Bartholomew,
Ef yw ein llyw i hwylio'r don.''

Yn Barbados yr oedd llongau mawr;
Yn Barbados cyn toriad gwawr —
    Dacw Barti Ddu
    A'i forwyr lu
Yn byrddio'r llongau cyn toriad gwawr.

Gemau ac aur oedd ar y bwrdd,
Gemau ac aur a ddygwyd i ffwrdd,
    A llawer i gist,
    Cyn i'r wawrddydd drist
Weled y gwaed ar y llithrig fwrdd.

Ac yna ymhell drwy y gwynt a'r lli,
I Banama dros y Caribî;
    A llongau 'Sbaen
    Yn ffoi o'u blaen,
Â'u hwyl ar daen, dros y Caribî.

Yn llwythog o rawn a llieiniau main,
O loyw win ac o emau cain —
    O berlau drud
    O bellafoedd byd,
A barrau o aur a sidanau main.

116

A'r morwyr yn canu ag ysgafn fron
I'r pibau mwyn ac i su y don:
   ''Bar — Bartholomew,
   Bar — Bartholomew,
Ef yw ein llyw i hwylio'r don.''

O draethau Brazil hyd at Newfoundlan',
O fôr i fôr ac o lan i lan,
   Ei ofn a gerdd
   Dros Iwerydd werdd
O draethau Brazil hyd at Newfoundlan'.

Ond Barti Ddu o Gas Newy' Bach,
Y Cymro tal â'r chwerthiniad iach,
   A dorrwyd i lawr
   Ar Iwerydd fawr,
Ac ni ddaeth yn ôl i Gas Newy' Bach.

Fe'i llaeswyd i wely y laston hallt,
Â'i felyn gap am ei loywddu wallt,
   Gyda'i wn a'i gledd,
   I'w ddyfrllyd fedd,
I gysgu mwy dan y laston hallt.

Ond pan fo'r storm yn rhuo'n groch,
A'r Caribî gan fellt yn goch,
   Daw Barti Ddu
   Â'i forwyr lu,
Yn ei felyn gap gyda'i bluen goch.

Ac o fynwent fawr y dyfnfor gwyrdd
Daw llongau Ysbaen a'u capteiniaid fyrdd,
    Hen forwyr 'Sbaen
    I ffoi o'i flaen
A'u hwyl ar daen dros y dyfnfor gwyrdd.

A chreithiau glas ar eu hwyneb gwyn,
A rhaff am lawer i wddf yn dynn;
    Yn welw ac oer
    Yng ngolau'r lloer,
A chreithiau'i gledd ar eu hwyneb gwyn.

A chlywir uwch rhu y gwynt a'r don,
Y pibau mwyn a'r lleisiau llon:
    ''Bar — Bartholomew,
    Bar — Bartholomew,
Ef yw ein llyw i hwylio'r don;
    Bar — Bartholomew,
    Bar — Bartholomew,
Ef yw ein llyw i hwylio'r don.''

I. D. Hooson

Rownd Yr Horn

(Detholiad)

''Furl the royals!'' ac ymhen bachigyn,
'Roedd chwech ohonom fry yn y rigin
Yn dringo a chroesi fel brain ar goed
Yn nghanol gaeaf, ac yn ddi-oed
'Roedd Mac a minnau ar y *Misn* praff
Yn datod a chlymu rhaff am raff.
Prysurai Fritz ar y *Main* yn chwim
(A'r dago yn edrych heb gyffro dim!)
Y Second Mêt a Pat ar y *Fore*
Rhyngom a'r nefoedd bob yn ail â'r môr.

''*Leggo*!'' medd Mac, a dyna'r hwyl i lawr,
Minnau yn gorwedd arni yn awr,
Gan ymladd â'r cynfas uwchben yr aig,
A hwnnw'n torchi fel cynffon draig;
Cydiwn fel gele, ddwylo a thraed,
A Mac yn clymu; fe saethai gwaed
O dan fy ewinedd gan lifo'n ffrwd
Drwy rew yr iard, a chronni'n y rhwd.
Ac i gyfeiliant y storm a'i sain,
Chwibanai Mac yr *Auld Lang Syne*.

O'r gorwel draw ar ymgyrch ddig,
Â choron ewyn ar bob brig,
Dôi'r *Roaring Forties* wrth ein cefn,
Fel hynt byddinoedd yn eu trefn
Tros wastadeddau maith yn gyrru,
A'r meirch porthiannus yn gweryru.

Simon B. Jones

Y Lleidr Pen-ffordd

Ar ambell nos loer-olau
A'r gwynt yn nhwll y clo,
A sŵn moduron prysur
Yn ddistaw bach ers tro,
Fe glywch/ond ichi wrando
Sŵn ceffyl yn mynd heibio
Dros heol fawr y fro.

A phwy yw'r marchog hwnnw
Sy'n mynd mor hwyr y nos
Dros lawer nant ac afon
A thros y waun a'r rhos?
Wel; Twm Sion Cati'i hunan
A'i glogyn du yn hofran
O dan y lleuad dlos.

Mae'n aros ar y groesffordd
Yng nghysgod coed y Plas;
Fe rydd ei law ar bistol
A thyn ei gleddyf glas.
Ac yno mae'n clustfeinio, —
Am sŵn Coets Fawr Llandeilo
Yn dringo'r cwm ar ras.

Tu ôl i'r coed hynafol
Mae'r Plas yn adfail llwm,
Rhy bell yw'r Sgweiar heno
I ofni castiau Twm.
Ac ni ddaw coets Llandeilo
A charnau'r meirch yn fflachio
Byth mwy i fyny'r cwm.

Carlama'r ceffyl ymaith
A'r marchog ar ei gefn,
Mae sŵn y carnau'n darfod
Ar lawr y briffordd lefn.
Ond gwn — ond i chi wrando
Ar ambell nos fel heno —
Y clywch chi'r sŵn drachefn.

T. Llew Jones

Ras

Dau yn unig oedd yn y ras,
Sammy *Rose Bank* a Ned Tŷ Glas.
Traed chwarter-i-dri
Ned Bach aeth â hi,
Er 'u bod nhw mewn clocsia'
A thylla' yn y gwadna',
Ac er bod 'i goesa', druan o Ned,
Mewn hen drowsus i'w dad, un melfaréd,
A hogyn *Rose Bank*
Yn goblyn o lanc
Efo'i 'sana'-beic
A'i esgidia' speic.

Pedwerydd oedd Sam.

"Y? Be'?
Ped-? Pe-?
Yr hen lolyn, gwranda,
Dos yn d'ôl i'r dechra'.
Pwy ddwedaist ti gynna' oedd yn y ras?"

Dim ond Sammy *Rose Bank* a Ned Tŷ Glas.

"Dau. Dim ond dau i gyd.
Felly, sut yn y byd . . ."

Yn y byd, be'?

"Y mae 'na le
I stwnsian am drydydd,
Heb sôn am bedwerydd.
'D oedd ond dau yn rhedeg . . ."

'Waeth hyn'na na chwanag,
Pedwerydd oedd Sam.

"Ond gwranda, go fflam,
Dau yn unig oedd yn y ras . . ."

Sammy *Rose Bank* a Ned Tŷ Glas.

"Ia, ia, mi wn i hynny,
Sammy Rose Bank a Ned, ac felly . . ."

Pedwerydd oedd Sam.

"Ond gwranda, y dyn,
'Wna dau a dim un
Ddim pedwar
Un amsar . . ."

Pedwerydd oedd Sam.
'R oedd 'i dad a'i fam
Yn rhedag bob cam
Wrth ochor 'u Sam.
'R oedd 'i Dadi a'i Fami
Fel arfer efo Sami,

A phedwerydd oedd Sam.

T. Rowland Hughes

Brenin y Canibalyddion

Mi draethaf chwedl fach i chwi
Yn loyw, hoyw, ffraeth a ffri,
Am frenin mawr ei fraint a'i fri,
   Sef Brenin y Canibalyddion.
Ei hyd oedd ddwylath a lled llaw,
A'i ben 'run llun â phen hen raw;
'Roedd ganddo swyddogion, wyth neu naw,
A'i balas a wnaed o bridd a baw;
A'i enw oedd Brwchan-wchan-iach,
Llumangi-hyllgi-wichgi-wach,
A'i wisg yn crogi fel hen sach
   Am Frenin y Canibalyddion.

Yn howcio, cowcio, llowcio'n lli,
Chwipio a hicio a chicio'r ci,
Yn strim-stram-strellach yn ei sbri
   Bydd Brenin y Canibalyddion.

'Roedd trigain o wragedd yn ei dŷ,
Pob un yn ddu, pob un yn hy,
A deugain o hyll-dduach ddu
  Gan Frenin y Canibalyddion.
Ac felly i gyd 'roedd ganddo gant
I foddio ei fyd ac i foethi ei fant;
A genid bob wythnos ddau o blant,
A'r Brenin a ganai gyda'i dant,
Gan ddawnsio i Wisgan-isgan-aw
A Sipog-lethog-lwythog-law,
Nes syrthio ar ei gefn i'r baw —
  Ow! Frenin y Canibalyddion.

Un diwrnod gyrrai'r Brenin wadd
I bawb o'i ddeiliaid o bob gradd,
Fod hanner ei wragedd i gael eu lladd
  Gan Frenin y Canibalyddion.
A'i ddeiliaid a ddaethant oll i'r wledd
A bwriad barus ym mhob gwedd;
Pob ysglyfaethgi'n hogi ei gledd
I slifio a hifio yn ddihedd;
'Roedd pawb yn slaffio a llyncu'n llawn,
A bwytwyd y cwbl yr un prynhawn;
Ac un yn bloeddio, ''Mi fwytwn, pe cawn,
  Hen Frenin y Canibalyddion.''

'Rôl iddynt hel yr esgyrn yn lân
Dechreusant ddawnsio a chanu cân,
A'r gwragedd eraill a ddiangasant o dân
   Hen Frenin y Canibalyddion.
Dechreuai'r Brenin floeddio'n hy
Gan ddawnsio oddeutu drws ei dŷ,
"'Does yma'n awr ond cais lle bu,
Pa le mae 'ngwragedd, Llym-go-lu?"
A rhedodd i'r goedwig oedd gerllaw
A gwelodd ei wragedd yn law-a-llaw
Hefo'i d'wysogion ymhell-bell-draw —
   Ow! Frenin y Canibalyddion.

Wel, yn union y gyrrodd res o wŷr
I ddyfod hefo'u cleddyfau dur
I dorri eu gyddfau, heb hidio'r cur,
   Braf Frenin y Canibalyddion.
A thorrwyd eu gyddfau bob ag un,
Pob hyll anghynnes ddynes a dyn,
A'r Brenin a chwerthodd ynddo'i hun,
A neidiodd i'w wely i feddwl cael hun;
Ond 'sbrydion y gwŷr a'r gwragedd a ddaent,
A'i binsio a'i bigo a'i flino a wnaent,
A'i foldio a'i rolio bob nos y maent —
   Ow! Frenin y Canibalyddion.

     Yn howcio, cowcio, llowcio'n lli,
     Chwipio a hicio a chicio'r ci,
     Yn strim-stram-strellach yn ei sbri
       Bydd Brenin y Canibalyddion.

Talhaiarn

126

Un Noswaith Ddrycinog

Un noswaith ddrycinog mi euthum i rodio
Ar lannau y Fenai, gan ddistaw fyfyrio;
Y gwynt oedd yn uchel, a gwyllt oedd y wendon,
A'r môr oedd yn lluchio dros waliau Caernarfon.

Ond trannoeth y bore mi euthum i rodio
Hyd lannau y Fenai, tawelwch oedd yno;
Y gwynt oedd yn ddistaw, a'r môr oedd yn dirion,
A'r haul oedd yn t'wynnu ar waliau Caernarfon.

Traddodiadol

Tua Bethlem Dref

Awn i Fethlem

Awn i Fethlem, bawb dan ganu,
Neidio, dawnsio a llawenu,
I gael gweld ein Prynwr c'redig
Anwyd heddiw Ddydd Nadolig.

Ni gawn Seren i'n goleuo
Ac yn serchog i'n cyf'rwyddo,
Nes y dyco hon ni'n gymwys
I'r lle santaidd lle mae'n gorffwys.

Mae'r bugeiliaid wedi blaenu
Tua Bethlem dan lonyddu,
I gael gweld y grasol Frenin,
Ceisiwn ninnau bawb eu dilyn.

Mae'r angylion yn llawenu
Mae'r ffurfafen yn tywynnu,
Mae llu'r nef yn canu hymnau,
Caned dynion rywbeth hwythau.

Y Ficer Prichard

Tua Bethlem Dref

Tua Bethlem dref,
Awn yn fintai gref
Ac addolwn Ef.
Tua'r preseb awn
Gyda chalon lawn
A phenlinio wnawn.
Gyda'r llwythau
Unwn ninnau,
Ar y llwybrau at y crud.
I fachgennyn Mair,
Y tragwyddol Air,
Yn y gwellt a'r gwair.
Dygwn roddion
Serch y galon,
Aur anrhegion,
Thus a Myrr.
Tua Bethlem dref,
Awn yn fintai gref,
Ac addolwn Ef.

Wil Ifan

Baled y Pedwar Brenin

O bedair gwlad yn y Dwyrain poeth
Cychwynnodd y pedwar brenin doeth
Am eira'r Gorllewin, dan ganu hyn:
O! Seren glir ar yr eira gwyn.

Y seren a welsant o'u pedair cell,
A dynnodd ynghyd eu llwybrau pell.
A chanai clychau'u camelod drwy'r glyn:
O! Seren glir ar yr eira gwyn.

Daeth tri ohonynt yr un nos
I Fethlehem dros fryn a rhos,
A chanent o hyd a'u lanternau ynghŷn:
O! Seren glir ar yr eira gwyn.

"Beth a ddygasoch chwi yn awr
O'ch gwlad yn rhodd i'r brenin mawr?"
Agorodd y tri eu trysorau pryn
Dan y Seren glir ar yr eira gwyn.

"Aur o goron frenhinol fy ngwlad":
"Thus o demlau duwiau fy nhad":
"Myrr i'r brenin—cans marw a fyn":
A! Seren glir ar yr eira gwyn.

* * * * * * * * * * *

Ond y brenin arall, ple 'roedd efô?
A pheth a ddygasai ef o'i fro?
A phaham y tariai ef fel hyn,
O! Seren glir ar yr eira gwyn?

Fe gychwynasai yntau'n llon,
A pherl brenhinol ynghudd wrth ei fron,
Ond gwelodd yn Syria, a'i dagrau yn llyn,
Ferch fach mewn cadwynau'n yr eira gwyn.

Brathai'r hualau oer i'w chnawd,
Ond llosgai'i deurudd morwynol gan wawd
Y gwerthwr caethion. Syllu'n syn
A wnâi'r Seren glir ar yr eira gwyn.

Mae'r brenin yn llamu o'i gyfrwy gwych;
Mae'r perl yn neheulaw'r gwerthwr brych;
Mae'r eneth yn rhydd, a'i gwefus a gryn
Fel y Seren glir ar yr eira gwyn.

Ond trodd y brenin ei gamel yn ôl
Dan ocheneidio a churo'i gôl:—
"Ofer heb rodd fynd ymhellach na hyn
Gyda'r Seren glir dros yr eira gwyn."

* * * * * * * * * * *

Flynyddoedd ar ôl colli'r gem
Daeth yntau i byrth Ieriwsalem,
A gwelodd uwch Calfaria fryn
Y Seren a fu gynt ar yr eira gwyn.

'Roedd yno Un mewn angau loes,
A milwyr Rhufain wrth Ei groes;
Ond gloywach fyth na'u gwaywffyn
Oedd y Seren a fu ar yr eira gwyn.

Canys rhwng drain y goron lem
Fe ganfu'r brenin belydrau'r gem
Ar ael y Gŵr oedd ar y bryn,
Megis Seren glir ar yr eira gwyn.

"Pa fodd, fy Arglwydd, y cefaist Ti
Y perl dros y gaethferch a roddais i?"
"Yn gymaint â'i wneuthur i un o'r rhai hyn
Fe'i gwnaethost i Arglwydd yr eira gwyn!"

Cynan.

Wrth Dorri Gair

Wrth dorri gair
Ar dywod aur y traeth;
Wrth gerdded bys
Ar hyd yr ewyn llaeth;
Wrth gyfri'r cregyn gyda'r noson glaer,
Mi ganaf gân o glod i Fab y Saer.

Am ddawnsio'r dail
Ar gangau'r dderwen fawr;
Am ditw ciwt
Â'i wasgod fel y wawr;
Am fachlud mwyn ac enfys wedi glaw,
Mi ganaf gân o glod am waith ei law.

Pan hed y dryw
Â'i lygad tua'r sêr;
Pan brancia'r ŵyn
Hyd erwau'r blodau pêr;
Pan ddringa'r gwanwyn lethrau'r Mynydd Du,
Mi ganaf gân o glod i'r Iesu cu.

O weld yr ŵyn
A'r seren yn yr aer;
O gofio'r ych
A'r cymwynaswyr taer;
O blygu'r bugail wrth y gwely gwair,
Mi ganaf gân o glod i Faban Mair.

Arwel John

Seimon Mab Jona

(Detholiad)

''Paham y gadewaist dy rwydau a'th gwch
Fab Jona, ar antur mor ffôl?
Gadael dy fasnach a myned ar ôl
Llencyn o Saer o Nasareth dref;
Gadael y sylwedd a dilyn y llef;
Cartref a phriod a'th deulu i gyd,
Cychod dy dad a'th fywoliaeth glyd,
Glasfor Tiberias a'i felyn draeth,
A diddan gwmpeini hen longwyr ffraeth;
Gadael y cyfan a myned ar ôl
Llencyn o saer a breuddwydiwr ffôl.''

"Gwelais ei wyneb a chlywais ei lef,
A rhaid, a rhaid oedd ei ddilyn Ef.
Cryfach a thaerach yr alwad hon
A mwynach, mil mwynach na galwad y don
Ar hwyrnos loer-olau, ddigyffro, ddi-stŵr:
Gadewais y cyfan i ddilyn y Gŵr . . ."

"Ond ofer fu'r cyfan, fab Jona, a'r groes
Fu diwedd dy gyfaill ym mlodau ei oes.
Fe'i rhoddwyd i orwedd yn welw ei wedd,
A seliodd y milwyr y maen ar ei fedd.
Gwell it anghofio'r breuddwydiwr ffôl,
A throi at dy rwydau a'th gychod yn ôl."

"Na, na, nid marw fy Arglwydd a'm Duw,
Cyfododd yr Iesu: mae eto yn fyw.

"A ninnau a'i gwelsom a thystion ym ni
Mai gobaith yr oesoedd yw Croes Calfari.
Mi welais y man y gorweddodd Ef,
A mwyach, yn eon mi godaf fy llef
I dystio am Iesu, Iachawdwr y byd,
Os f'Arglwydd a'i myn, drwy'r ddaear i gyd:
Cans gwelais ogoniant y Tad yn ei wedd —
Tywysog y Bywyd, Gorchfygwr y bedd."

I. D. Hooson

Salaam

Ni wn i am un cyfarchiad gwell
Nag a ddysgais gan feibion y Dwyrain pell.

Cyn ymadael dros dywod yr anial maith
Bendithiant ei gilydd ar ddechrau'r daith,

Pob un ar ei gamel cyn mentro cam
Tua'r dieithr ffin lle mae'r wawr yn fflam,

Â'i law ar ei galon, ''Salaam'' yw ei gri,
— Tangnefedd Duw a fo gyda thi.

138

Lle bynnag y crwydri, er poethed y nen,
Boed Palmwydd Tangnefedd yn gysgod i'th ben.

Lle bynnag y sefi gan syched yn flin
Boed Ffynnon Tangnefedd i oeri dy fin.

Lle codech dy babell i gysgu bob hwyr
Rhoed Seren Tangnefedd it orffwys yn llwyr.

Pan blygech dy babell ar doriad pob dydd
Doed Awel Tangnefedd ag iechyd i'th rudd.

A phan ddyco Alaḥ ni i ddiwedd ein rhawd,
Cyd-yfom yn Ninas Tangnefedd, fy mrawd.

* * * * * * * * * * * *

Ni wn i am un cyfarchiad gwell
Nag a ddysgais gan feibion y Dwyrain pell;

A'u dymuniad hwy yw 'nymuniad i
— Tangnefedd Duw a fo gyda thi.

Cynan

Ora Pro Nobis

Mae'r curlaw yn dallu
    Ffenestri fy nhŷ,
A thymestlwynt Tachwedd
    A gyfyd ei ru;
Mae cedyrn y derlwyn
    Yn siglo i'w gwraidd,
A brefu am loches
    Wna ychen a phraidd —

        Ein Tad, cofia'r adar,
            Nad oes iddynt gell;
        Mae'r eira mor agos,
            A'th haf di mor bell.

Mae'r gorlif yn ddisglair
    Hyd wyneb y fro;
A gyrr y cymylau
    Fel gwersyll ar ffo;
Gan ergyd y ddrycin
    Fy mwthyn a gryn;
Gwell aelwyd na heol
    Ar noson fel hyn —

        Ein Tad, cofia'r arab
            A gwsg tan y lloer;
        Mae'i wisg ef mor denau,
            A'th wynt di mor oer.

Mae'r ewyn yn wyn
    Ar y mordraeth gerllaw —
Cyn wynned â dalen
    Y llyfr yn fy llaw —
A hed y gylfinhir
    Fel cri trwy y nef,
Gan ofn y rhyferthwy,
    A'i ddicter ef.

Ein Tad, cofia'r morwr
   Rhwng cyfnos a gwawr;
Mae'i long ef mor fechan,
   A'th fôr Di mor fawr.

Eifion Wyn

Dod ar fy Mhen

Dod ar fy mhen dy sanctaidd law,
   O! dyner Fab y Dyn:
Mae gennyt fendith i rai bach,
   Fel yn dy oes dy Hun.

Wrth feddwl am dy gariad gynt,
   O Nasareth i'r groes,
Mi garwn innau fod yn dda,
   A byw er mwyn fy oes.

Gwna fi yn addfwyn fel Tydi
   Wrth bawb o'r isel rai;
Gwna fi yn hoff o wrando cwyn,
   A hoff o faddau bai.

Dod i mi galon well bob dydd,
   A'th ras yn fodd i fyw;
Fel bo i eraill trwof fi
   Adnabod cariad Duw.

Eifion Wyn

Diolch

O Dad, yn deulu dedwydd — y deuwn
    A diolch o'r newydd;
   Cans o'th law y daw bob dydd
   Ein lluniaeth a'n llawenydd.

W. D. Williams

Ffynonellau

Perthyn pob hawlfraint ynglŷn â'r holl gerddi naill ai i'r awdur, y cyhoeddwyr neu berchennog ŷr hawlfraint. Ni ellir atgynhyrchu unrhyw gerdd a gynhwysir yn y gyfrol hon heb ganiatâd ymlaen llaw gan berchennog yr hawlfraint.

Hwiangerdd Dinogad	Owain Owain, *Cerddi Ddoe a Fory*, Gwasg Gomer
Be Gefaist ti'n Fwyd?	J. Glyn Davies, *Cerddi Huw Puw*, Gwasg y Brython
Yr Hwyl-long Fawr	Owain Owain, *Cerddi Ddoe a Fory*, Gwasg Gomer
Enwau	Waldo Williams, *Cerddi'r Plant*, Gwasg Gomer
Glywsoch chi?	Aneurin Jenkins-Jones, *Yr Athro*, Undeb Cenedlaethol Athrawon Cymru
Gwyn ap Nudd *(Detholiad)*	Elfed, *Caniadau Elfed*, Cwmni Cyhoeddiadau Addysgol
Yr Enfys	Eifion Wyn, *Caniadau'r Allt*, Cwmni Cymraeg Foyle
Yn Nheyrnas Diniweidrwydd	Rhydwen Williams, *Y Ffynhonnau a Cherddi Eraill*, Llyfrau'r Dryw
Lle Bach Tlws	T. Gwynn Jones, *Llyfr Nia Fach,* Hughes a'i Fab
Prognosticasiwn Dr. Powel *(Detholiad)*	Sion Tudur, *Yr Awen Ysgafn*, Llyfrau'r Dryw
Mab y Bwthyn *(Detholiad)*	Cynan, *Cerddi Cynan*, Gwasg y Brython
Yma mae 'Nghalon, Yma mae 'Nghân	Dafydd Iwan, *Y Byd Gwyrdd*, Y Lolfa
Y Briallu	Eifion Wyn, *Caniadau'r Allt,* Cwmni Cymraeg Foyle
Tomi	Nantlais, *Murmuron Newydd* (Yr Awdur)
Haf Cynnar	Gwyn Thomas, *Y Weledigaeth Haearn*, Gwasg Gee
Blodau'r Grug	Eifion Wyn, *Caniadau'r Allt*, Cwmni Cymraeg Foyle
Y Grug Gwyn	T. E. Rowlands, *Awen Meirion*, Llyfrau'r Dryw
Rhyfeddodau	W. Rhys Nicholas, *Cerdd a Charol*, Gwasg Gomer
Ha' Bach Mihangel	Alun Jones, *Cerddi Alun Cilie*, Tŷ John Penry
Machlud *(Detholiad o* 'Y Lloer')	J. J. Williams, *Y Lloer a Cherddi Eraill*, Gwasg Aberystwyth
Tachwedd	Eifion Wyn, *Telynegion Maes a Môr*, Cwmni Cyhoeddiadau Addysgol
	Owain Owain, *Cerddi Ddoe a Fory*, Gwasg Gomer
Hwiangerdd Ham, Shem a Japheth	Nantlais, *Siôn a Siân*, Llyfrau'r Dryw
Yn Mynd i'r Siew	Idwal Jones, *Detholiad 1957*, Undeb Noddwyr Alawon Cymru
Mae Nadolig yn Nesáu	Gwynne Williams, *Blodeugerdd y Plant*, (Gol. G. Rees Hughes ac Islwyn Jones), Gwasg Gomer
Llygoden Fach yr Ŷd	I. D. Hooson, *Cerddi a Baledi*, Gwasg Gee
Llygod *(Detholiad o* 'Y Fantell Fraith')	Waldo Williams, *Dail Pren*, Gwasg Gomer
Byd yr Aderyn Bach	Dafydd Rowlands, *Blodeugerdd y Plant*, (Gol. G. Rees Hughes ac Islwyn Jones), Gwasg Gomer
Y Drudwy	J. M. Edwards, *Cerddi'r Fro*, Llyfrau'r Dryw
Ceiliog Ffesant	Gwilym Rees Hughes, *Cysgod Llygliw*, Gwasg Gomer
Hebog	Gwyn Thomas, *Ysgyrion Gwaed*, Gwasg Gee
Ceiliog	R. Williams Parry, *Yr Haf a Cherddi Eraill*, Gwasg Gee
Y Gylfinir	Gwyn Thomas, *Ysgyrion Gwaed*, Gwasg Gee
Octopws	Gwilym Hiraethog, *Caniadau Hiraethog*, Thomas Gee
Y Gof *(Detholiad o* 'Heddwch')	Thomas Parry, *Rhaglen 1952*, (Undeb Noddwyr Alawon Cymru)
Bachgen Bach o Dincer	Gwynne Williams, *Gwreichion*, Gwasg Gomer
Rhifyddeg	Dic Jones, *Storom Awst*, Gwasg Gomer
Cân Brychan	T. Gwynn Jones, *Caniadau*, Hughes a'i Fab
Caledfwlch *(Detholiad o* 'Ymadawiad Arthur')	Dic Jones, *Storom Awst*, Gwasg Gomer
Y Llun *(Detholiad o* 'Porth yr Aber')	Waldo Williams, *Dail Pren*, Gwasg Gomer
Menywod	Iorwerth C. Peate, *Canu Chwarter Canrif*, Gwasg Gee
Y Gegin gynt yn yr Amgueddfa Genedlaethol	Iorwerth C. Peate, *Canu Chwarter Canrif*, Gwasg Gee
Carol y Crefftwr	T. Llew Jones, *Penillion y Plant*, Gwasg Gomer
Traeth y Pigyn	Dewi Emrys, *Cerddi'r Bwthyn*, Gwasg Aberystwyth
Pwllderi *(Detholiad)*	Waldo Williams, *Dail Pren*, Gwasg Gomer
Cwm Berllan	T. Gwynn Jones, *Caniadau*, Hughes a'i Fab
Ystrad Fflur	

Y Bachgen	T. Gwynn Jones, *Manion,* Hughes a'i Fab
Heibio Ynys Sgogwm	J. Glyn Davies, *Cerddi Portinllaen,* Gwasg y Brython
Cân Huw Puw *(Detholiad)*	J. Glyn Davies, *Cerddi Huw Puw,* Gwasg y Brython
Dydd Iau Mawr *(Detholiad o 'Porth yr Aber')*	Dic Jones, *Storom Awst,* Gwasg Gomer
Ynys yr Hud *(Detholiad)*	W. J. Gruffydd, *Ynys yr Hud,* Hughes a'i Fab
Santa Fe	T. H. Parry-Williams, *Synfyfyrion,* Gwasg Aberystwyth
Y Band Un Dyn	R. Williams Parry, *Cerddi'r Gaeaf,* Gwasg Gee
Caeau Pen-y-Bryn	Charles Jones, *Awen Arfon,* Llyfrau'r Dryw
Yn Harbwr San Francisco	J. Glyn Davies, *Cerddi Edern,* Gwasg y Brython
Y Ferch o Dy'n y Coed	Cynan, *Cerddi Cynan,* Gwasg y Brython
Y Llanc Ifanc o Lŷn	William Jones, *Adar Rhiannon a Cherddi Eraill,* Gwasg Gee
Tut-Ankh-Amen	Crwys, *Cerddi Crwys* (Cyfrol 1), Gwasg Aberystwyth
Cofio	Waldo Williams, *Dail Pren,* Gwasg Gomer
Ronsyfál	Iorwerth C. Peate, *Canu Chwarter Canrif,* Gwasg Gee
Y Ci Strae	T. Llew Jones, *Cerddi Newydd i Blant,* Gwasg Gomer
Y Sipsiwn	Eifion Wyn, *Caniadau'r Allt,* Cwmni Cymraeg Foyle
Y Cŵn Hela	W. Rhys Nicholas, *Cerdd a Charol,* Gwasg Gomer
Caethglud yr Ebol	Crwys, *Cerddi Crwys* (Cyfrol 1), Gwasg Aberystwyth
Hen Ŵr o'r Coed	Wil Ifan, *Dail Iorwg,* Educational Publishing Co., Ltd.
Sŵn	T. Llew Jones, *Penillion y Plant,* Gwasg Gomer
Atgo	Hedd Wyn, *Cerddi'r Bugail,* Hughes a'i Fab
Dawns y Dail	T. Llew Jones, *Penillion y Plant,* Gwasg Gomer
Pe bawn i . . .	T. Rowland Hughes, *Cân neu Ddwy,* Gwasg Gee
Marchnad y Corachod *(Detholiad)*	Christina Rossetti, cyf. Aneirin Talfan Davies, *Marchnad y Corachod,* Gwasg Aberystwyth
Pitran-Patran	Waldo Williams, *Cerddi'r Plant,* Gwasg Gomer
Tachwedd	Isfoel, *Cerddi Isfoel,* Gwasg Aberystwyth
Marwnad yr Ehedydd	Cynan, *Cerddi Cynan,* Gwasg y Brython
Barti Ddu	I. D. Hooson, *Cerddi a Baledi,* Gwasg Gee
Rownd yr Horn *(Detholiad)*	Simon B. Jones, *Cerddi ac Ysgrifau,* Gwasg Gomer
Y Lleidr Pen-ffordd	T. Llew Jones, *Penillion y Plant,* Gwasg Gomer
Ras	T. Rowland Hughes, *Cân neu Ddwy,* Gwasg Gee
Brenin y Canibalyddion	Talhaiarn, *Gwaith Talhaiarn,* H. Williams
Awn i Fethlem	Y Ficer Prichard, *Canwyll y Cymry*
Tua Bethlem Dref	Wil Ifan, *Carolau Hen a Newydd,* Undeb Noddwyr Alawon Cymru
Baled y Pedwar Brenin	Cynan, *Cerddi Cynan,* Gwasg y Brython
Wrth Dorri Gair	Arwel John, *Cwlwm y Glo Caled,* Gwasg y Glaslwyn
Seimon Mab Jona *(Detholiad)*	I. D. Hooson, *Y Gwin a Cherddi Eraill,* Gwasg Gee
Salaam	Cynan, *Cerddi Cynan,* Gwasg y Brython
Ora Pro Nobis	Eifion Wyn, *Telynegion Maes a Môr,* Cwmni Cyhoeddiadau Addysgol
Dod ar fy Mhen	Eifion Wyn, *Y Caniedydd,* Undeb yr Annibynwyr Cymraeg
Diolch	W. D. Williams, *Cân ac Englyn,* Gwasg Aberystwyth

Mynegai i linellau cyntaf pob cerdd

Adeg y machlud ydyw, 30
Aeth fy Ngwen i ffair Pwllheli, 52
Aeth llawer gwaneg fechan, 80
Ar ambell nos loer-olau, 120
Ar Ddydd Iau Mawr . . . , 71
Ar fin y graig yn yr awel iach, 27
Ar y bryn roedd pren, 7
Araf y tipia'r cloc yr oriau meithion, 61
Awn i Fethlem, bawb dan ganu, 130
"Awn i'r mynydd i hela," meddai Dibyn wrth
   Dobyn, 6

Bachgen bach o dincer, 51
Bachgen bach o Ddowlais, 54
Beth yw'r cymhelri gloyw rhwng y dail? 26
Byddai ei gorff yn mynd i gyd, 77

Calennig i mi, Calennig i'r ffon, 21
Ceffalopod molwsg meddal, 48
Cei fynd i'r môr ar Fflat Huw Puw, 70
Ci cyfrwys a thenau, 91
"Cwm Berllan, Un filltir" yw geiriau testun, 67

Chwythu'i dân dan chwibanu, 50

Dacw nhw ar y lein yn rhes, 56
Dau yn unig oedd yn y ras, 122
Derfydd aur, a derfydd arian, 77
Dim ond lleuad borffor, 103
Diofal yw'r aderyn, 92
Dod ar fy mhen dy sanctaidd law, 141
Duw ydyw awdur popeth hardd, 22
Dy alwad glywir hanner dydd, 47

Ddoi di gen i i Draeth y Pigyn, 64

Echdoe, ar y Frenni Fawr, 96
Ei ddyrnfol aur addurnfawr, 58
Eli, Eli, Eliffant, 34

Fe waeddodd Gwynt yr Hydref, 104
Fe welais long un dydd o haf, 8
Fe fydd y flwyddyn nesa, 20
Fry ar y mwni mae 'nghartre bach, 66
"Furl the royals!" ac ymhen bachigyn, 119
Fynyddoedd llwyd, a gofiwch chwi, 87

Glywsoch chi stori'r Robin Goch, 12
Gwelais ei fen liw dydd, 92
Gwyn ap Nudd, Gwyn ap Nudd, 14
Gwyn eu byd yr adar gwylltion, 90

Heibio Ynys Sgogwm, 69
Hen leuad wen, uwch ben y byd, 80
Hen ŵr cloff ar lan yr Eigion, 69

Hen ŵr o'r coed, 97
Hoi ho! Be gefaist ti'n fwyd, 5
Hwyrnos a bore, 106
Hywel Dafydd, 'r ôl brwydrau lu, 114

I fyny'r dyffryn fe'i gwelais yn dod, 29

Liw nos ni chlywir, medde' nhw, 101
Llygod! 41

Mae dail y coed yn Ystrad Fflur, 68
Mae gennyf saith o bethau, 2
Mae 'nghalon i cyn drymed, 76
Mae lluoedd y Gorllewin coch, 112
Mae naw carafán wedi dod i'r dref, 36
Mae o'n clywed yr haul, 46
Mae'n awyr las ers meitin, 15
Mae'r curlaw yn dallu, 140
Mae'r gwynt yn y simdde, 23
Mewn beudy llwm eisteddai Mair, 62
Mewn hen hosan yn y bocs sgidiau du, 40
Mi a glywais fod yr 'hedydd, 113
Mi draethaf chwedl fach i chwi, 124
Mi fûm yn gweini tymor, 83
Mi welais ddwy lygoden, 3
Mi welais heddiw'r bore, 24

Ni wn i am un cyfarchiad gwell, 138

O bedair gwlad yn y Dwyrain poeth, 132
O Dad, yn deulu dedwydd—y deuwn, 142
Ond yng nghegin y 'Ship', 58

Pa eisiau dim hapusach, 42
Paham y gadewaist dy rwydau a'th gwch, 136
Pais Dinogad, pais fraith, 4
Pan ddelo'r gaeaf yn ei dro, 43
Pe bawn i yn artist mi dynnwn lun, 105
Pe medrwn fedr arlunydd byw, 60
Pen nobl a mwnwgl praff, 45
Pryd mae'r gwcw'n gwisgo'i sgidie-a-sane? 11
Pwy fynd i'r ysgol yn yr haf, 56
Pwy sydd yn dyfod fin nos i lawr, 30
Pwy ydyw dy gariad, lanc ifanc o Lŷn, 84

'R oedd Medi'n cynnau, 44
'R oedd pob cerpyn ar i fyny, 72
'R wy'n gorwedd yn y gwely, 108
'R wy'n mynd yn rhywle, heb wybod ym mh'le, 74

Rhifyddeg . . . , 55
Rhyw fore bu cyfarfod, 38

Tali-ho! 94
Tlws eu tw', liaws tawel,—gemau teg, 26
Tua Bethlem dref, 131

Un funud fach cyn elo'r haul o'r wybren, 86
Un noswaith ddrycinog mi euthum i rodio, 127

Welwch chi fi, welwch chi fi, 35
Wrth dorri gair, 135
Wrth loetran ennyd ar fy ffordd i'r tŷ, 28

Y deryn du a'i blyfyn shitan, 82
Y mae yno goed yn tyfu, 18
Yn nheyrnas diniweidrwydd, 16
Yn Nyffryn y Brenhinoedd gwaedd y sydd, 85
Yr oedd y gloch wedi canu ers meityn, 25

Mynegai i awduron

Anhysbys, 4, 56
Traddodiadol, 2, 3, 6, 7, 21, 35, 52, 54, 76, 77, 82, 90, 92, 127

Crwys, 85, 96
Cynan, 22, 83, 113, 132, 138

Davies, J. Glyn, 5, 69, 70, 80
Dewi Emrys, 66

Edwards, J. M., 44
Eifion Wyn, 15, 24, 26, 30, 92, 140, 141
Elfed, 14

Gruffydd, W. J., 72
Gwilym Hiraethog, 50

Hedd Wyn, 103
Hooson, I. D., 41, 114, 136
Hughes, Gwilym Rees, 45
Hughes, T. Rowland, 105, 122

Isfoel, 112
Iwan, Dafydd, 23

Jenkins-Jones, Aneurin, 12
John, Arwel, 135
Jones, Alun, 29
Jones, Charles, 80
Jones, Dic, 56, 58, 71
Jones, Idwal, 38
Jones, Simon B., 119
Jones, T. Gwynn, 18, 58, 68, 69
Jones, T. Llew, 64, 91, 102, 104, 120
Jones, William, 84

Nantlais, 25, 36
Nicholas, W. Rhys, 28, 94

Owain, Owain, 4, 8, 34

Parry, R. Williams, 47, 77
Parry, Thomas, 51
Parry-Williams, T. H., 74
Peate, Iorwerth C., 61, 62, 87
Prichard, Rhys, 130

Rossetti, Christina (cyf. Aneirin Talfan Davies), 106
Rowlands, Dafydd, 43
Rowlands, T. E., 27

Sion Tudur, 20

Talhaiarn, 124
Thomas, Gwyn, 26, 46, 48

Wil Ifan, 97, 131
Williams, Gwynne, 40, 55
Williams, J. J., 30
Williams, Rhydwen, 16
Williams, W. D., 142
Williams, Waldo, 11, 42, 60, 67, 86, 108

Enwau priod y beirdd dan ffugenw:

Crwys	W. Crwys Williams
Cynan	Albert Evans Jones
Dewi Emrys	D. Emrys James
Eifion Wyn	Eliseus Williams
Elfed	Howell Elvet Lewis
Gwilym Hiraethog	William Rees
Hedd Wyn	Ellis Humphrey Evans
Isfoel	David Jones
Nantlais	W. Nantlais Williams
Talhaiarn	John Jones
Wil Ifan	William Evans